El Nombre

El Nombre

Franklin GRAHAM

BETANIA

Un Sello de Editorial Caribe

Betania es un sello de Editorial Caribe, Inc.

© 2002 Editorial Caribe, Inc.
Una division de Thomas Nelson, Inc.
Nashville, TN–Miami, FL, EE.UU.
www.caribebetania.com

Título en ingles: The Name
© 2002 por Franklin Graham
Publicado por Thomas Nelson, Inc.
Nashville, TN.

A menos que se señale lo contrario, todas las citas bíblicas
son tomadas de la Versión Reina-Valera 1960
© 1960 Sociedades Bíblicas Unidas en América Latina.
Usadas con permiso.

Traductores: Carolina Galán Castellano, Ricardo Acosta,
Eugenio Orellana

ISBN: 0-88113-743-X

Impreso en los Estados Unidos de América
Printed in the United States of America

Al finado Dr. Roy W. Gustafson,
Un viejo amigo y asociado,
y un hombre que hizo un profundo impacto en mi vida.
El fue un gran consejero y amigo.

CONTENIDO

El Nombre

1

EL NOMBRE ES ATACADO

«El cristianismo es una religión para perdedores», dijo en una ocasión un famoso multimillonario norteamericano.[1]

«La religión organizada es algo vergonzoso, es un apoyo para gente débil, que busca su seguridad en cifras», afirmó un famoso político norteamericano.[2]

¡Esto no tiene sentido! ¿Qué pudo impulsar a dos hombres que en otras circunstancias demostraron ser inteligentes, motivados y exitosos a atacar públicamente a los que siguen el Nombre más grande de la historia?

El hombre acaudalado fundó una cadena de televisión, es propietario de dos equipos deportivos y de varios ranchos en los Estados Unidos. Es un navegante excepcional, que llegó a ganar la prestigiosa Copa de América. Fue elegido «Hombre del año» por la revista *Time*, y es muy generoso a la hora de apoyar ciertas causas e instituciones de caridad que le interesan. Aunque quizás se disculpe más tarde, este hombre tiene la costumbre de criticar a los cristianos. ¿Por qué razón un hombre tan brillante como Ted Turner disfruta atacando a los creyentes fieles al Nombre?

Y luego tenemos al político. Cuando era joven sirvió con valentía a su país en el grupo SEAL de la marina de guerra norteamericana. Más tarde llegó a ser conocido como luchador y actor profesional. Ha colaborado como voluntario en organizaciones como *Make a Wish Foundation* [Fundación Pide un deseo]. Su primer paso en el mundo de la política fue como alcalde de un gran suburbio contiguo a una ciudad importante de los Estados Unidos. En 1998 conmocionó al mundo político al resultar elegido gobernador, como candidato de un tercer partido. Con tantos créditos a su favor, ¿por qué Jesse Ventura, gobernador del gran estado de Minnesota, dice que la religión es sólo para los «débiles»?

Últimamente, atacar al cristiano que tengan más cerca casi se ha convertido en un requisito para las personas inteligentes. En un artículo reciente de una revista se afirmaba que para gran parte de la «élite de la cultura», el enemigo de la civilización no es el terrorismo, sino personas religiosas de «todo tipo, incluyendo a judíos ortodoxos y a cristianos».[3]

Recuerdo que hace algunos años oí al entonces secretario general de las Naciones Unidas hablar abiertamente sobre sus creencias. En una ocasión dijo: «Estoy convencido de que la característica de una persona con educación e imaginación, que enfrente el siglo veintiuno, es sentirse un ser planetario. Quizás mi propia educación como budista me ha ayudado sobre todo a tener conciencia y a expresar en mis discursos y escritos el concepto de ciudadanía mundial. Como budista me prepararon para ser tolerante con todo, menos con la intolerancia».[4] Un amigo me dijo que una vez le oyó decir públicamente a U Thant que todo lo que tenía se lo debía a Buda.

A mí me parece bien permitir que la gente exprese su punto de vista sobre la fe, mucho más cuando esta es una de las libertades de que gozamos en los Estados Unidos. Pero ¿se imagina usted el revuelo que se armaría hoy si alguien que estuviera en una posición semejante hablara tan tranquilamente sobre su fe cristiana?

Aunque la verdad es que no deberíamos sorprendernos. La gente se ha venido burlando de Jesús durante más de veinte siglos. Incluso alguien que llegó a convertirse en un ferviente discípulo se estrenó como escéptico. Cuando Natanael oyó hablar por primera vez del extraordinario joven carpintero de la vuelta de la esquina, su respuesta fue: «¿De Nazaret puede salir algo de bueno?»[5] Más tarde los mismos parientes de Jesús sintieron dudas. Jesús les dijo que el mundo «me aborrece, porque yo doy testimonio de él, que sus obras son malas».[6] En otra ocasión Jesús dijo que sus seguidores sufrirían pruebas y persecución. Tenía razón. A lo largo de los siglos el Nombre y sus seguidores se han enfrentado a muchos opositores. Friedrich Nietzsche, filósofo ateo del siglo diecinueve, dijo: «Jesús murió demasiado pronto. Si hubiera llegado a tener mi edad habría rechazado su doctrina».[7] La hostilidad de Nietzsche era tan grande que llegó a escribir un libro llamado *El Anticristo,* en el que afirmó lo siguiente:

> Condeno el cristianismo. Le presento a la Iglesia Cristiana la acusación más terrible que ningún acusador tuvo en los labios ... La Iglesia Cristiana ha tocado todo con su depravación; ha convertido todo valor en algo sin valor, y toda verdad en mentira, y toda integridad en bajeza del alma.[8]

Otros han sido más suaves, pero también críticos. Mark Twain, con su característico ingenio mordaz, dijo: «Si Cristo estuviera aquí y ahora, hay algo que seguramente no sería: cristiano».[9]

En el siglo veinte, los gemelos malvados del nazismo y el comunismo produjeron varios de los enemigos más venenosos del Nombre. Adolfo Hitler, que era «discípulo filósofo» de su paisano alemán Nietzsche, describía a los cristianos usando feroces términos propios:

> Estamos luchando contra la maldición más antigua que la humanidad haya traído contra sí misma. Estamos luchando contra la perversión de nuestros instintos más sanos. Ah, el Dios de los desiertos, ese asiático loco, estúpido, vengativo y déspota con poder para legislar, ese veneno con que judíos y cristianos han estropeado y ensuciado los instintos libres y maravillosos del hombre, hasta ponerlos al nivel de un horror canino.[10]

Hitler, junto con Lenin, Stalin y Mao Se Tung, condenaron al cristianismo al hacer avanzar sus demoníacos programas y la propaganda comunista atea.

Incluso algunos artistas se unen a las críticas. John Lenin, de *Los Beatles*, hacía grandes aspavientos al decir: «El cristianismo desaparecerá. Se desvanecerá y disminuirá. No tengo que presentar argumentos; tengo razón y eso se probará. Ahora somos más famosos que Jesús. No sé qué se irá antes, si el *rock and roll* o el cristianismo».[11]

Hoy día *Los Beatles* se han separado. Dos miembros de la banda han traspasado las puertas de la eternidad para estar ante Dios. En cambio, el Nombre de Jesús y lo que Él enseñó e hizo, e insistió en que sus seguidores hicieran, sigue transformando vidas de una forma abrumadora.

El Apóstol Pedro nos dice a todos los creyentes: «Si sois vituperados por el nombre de Cristo, sois bienaventurados, porque el glorioso Espíritu de Dios reposa sobre vosotros ... si alguno padece como cristiano, no se avergüence, sino glorifique a Dios por ello».[12]

El historiador Philip Schaff describió la abrumadora influencia que ejerció Jesús en la historia y cultura del mundo:

> Este Jesús de Nazaret, sin armas ni dinero, conquistó a más millones que Alejandro Magno, Julio César, Mahoma y

Napoleón; sin ser científico ... arrojó más luz sobre los asuntos humanos y divinos que todos los filósofos y eruditos juntos; sin la elocuencia de la educación formal, habló palabras de vida que nunca antes se habían hablado, ni después, y produjo efectos más allá del alcance que ningún orador o poeta había logrado; sin haber escrito ni una línea, ha levantado más montañas de papel y ofrecido temas para más sermones, oraciones, discusiones, libros, obras de arte y canciones de alabanza que todo el ejército de grandes hombres de los tiempos antiguos y modernos.[13]

Napoleón I, uno de los genios militares de todos los tiempos, escribió:

Conozco a hombres, y te digo que Jesucristo no es un hombre. A las mentes superficiales les parecen semejantes Cristo y los fundadores de imperios, y los dioses de otras religiones. No existe tal semejanza. La distancia entre el cristianismo y cualquier otra religión es infinita ... Todo lo relativo a Cristo me llena de asombro ... En vano busco en la historia para encontrar a alguien similar a Jesucristo, o a algo que se parezca al evangelio. Ni la historia, ni la humanidad, ni los tiempos, ni la naturaleza, me ofrecen nada comparable ni nada que lo explique.[14]

El novelista H. G. Wells dijo: «Cristo es la persona más singular de la historia. No se puede escribir la historia de la raza humana sin otorgarle el lugar inminente a ese maestro de Nazaret sin dinero».[15]

Wolfgang Amadeo Mozart, uno de los compositores y pianistas más grandes de toda la historia, dijo:

Me consuela mucho saber que el Señor, al que me acerqué en mi fe humilde e ingenua, haya sufrido y muerto por mí, y que me mirará con amor y compasión.

Alexis de Tocqueville, el estadista, historiador y filósofo francés, hizo la siguiente observación:

> En los Estados Unidos de América la autoridad soberana es religiosa ... no hay ningún otro país del mundo donde la religión cristiana ejerza mayor influencia sobre las almas de los hombres que en América, y no puede haber mayor prueba de su utilidad y de su conformidad con la naturaleza humana que el hecho de que su influencia se sienta poderosamente en la nación más esclarecida y libre de la tierra.

Theodore Roosevelt, uno de los presidentes más populistas, que con su intrépido estilo atacó San Juan Hill, exploró África, y llevó la bandera americana por todo el orbe, dijo:

> Después de una semana de problemas y dudas, cuánto me hace descansar el alma ... venir a la casa del Señor y cantar, sintiéndolo: «Santo, Santo, Santo, Dios Omnipotente» ... [mi] gran alegría y gloria es que, al tener una posición alta en la nación, tengo la posibilidad de predicar la moral práctica de la Biblia a los habitantes de mi nación, y levantar a Cristo como la esperanza y el Salvador del mundo.

Después de todos estos siglos, ¿por qué es tan controvertido el Nombre y aún levanta pasiones tan encendidas?

Responder esta pregunta es el único objetivo de este libro. Es importante que usted conozca mucho sobre el Nombre. No se trata de otro de tantos temas espirituales interesantes. Comprender el Nombre es la clave para toda la vida. El apóstol Pablo dio en el clavo en lo relativo a Jesucristo al escribir estas líneas para los cristianos de Colosas:

> Él es la imagen del Dios invisible, el primogénito de toda creación. Porque en él fueron creadas todas las cosas, las

que hay en los cielos y las que hay en la tierra, visibles e invisibles; sean tronos, sean dominios, sean principados, sean potestades; todo fue creado por medio de él y para él. Y él es antes de todas las cosas, y todas las cosas en él subsisten; y él es la cabeza del cuerpo que es la iglesia, él que es el principio, el primogénito de entre los muertos, para que en todo tenga la preeminencia; por cuanto agradó al Padre que en él habitase toda plenitud, y por medio de él reconciliar consigo todas las cosas, así las que están en la tierra como las que están en los cielos, haciendo la paz mediante la sangre de su cruz.[16]

Los Ted Turner, Jesse Ventura y otros que ridiculizan o humillan el Nombre y a sus seguidores quizás no entiendan lo que están haciendo y con quién están tratando. Por desgracia, las personas volátiles, e incluso muchos que siguen al Señor Jesús tampoco acaban de asimilar el alcance y el impacto tan increíble de su vida.

Por eso he escrito *El Nombre*.

El Nombre está por delante, más allá y después de todos los otros.

En el principio era el Nombre. Al final será el Nombre. En el presente, todas las cosas dependen del Nombre.

El Nombre es sobre todo nombre.

El Nombre hará que todas las rodillas se doblen... las de Jesse, las de Ted, las de usted, las mías... para siempre.

¿Conoce usted el Nombre?

¿Está su vida ligada al Nombre?

Su vida o su muerte dependen de lo que responda.

***

¿Por qué es tan importnate un nombre?

La mayoría de nosotros no pensamos mucho en nombres, ni en los nuestros ni en los de otros.

Exactamente esa fue mi actitud hacia mi nombre durante

mucho tiempo. Mis antepasados escoceses habían llevado mi apellido a tierra americana mucho tiempo antes; los Graham se asentaron en Carolina antes de la revolución.

Cuando crecí no comprendí ni aprecié mi apellido. Como yo era el hijo de un predicador muy conocido, la gente daba por hecho lo mejor o lo peor acerca de mí. Lo «peor» era que yo era un mocoso mimado y consentido. Lo «mejor» era que yo era un ser angelical que llevaba una vida elevada que nadie podía alcanzar. Para ser sincero, nunca he sido un ángel. Si usted preguntara a mis hermanas, probablemente le dirían que yo me estaba convirtiendo en un demonio.

Más adelante me di cuenta de que ser un Graham y el hijo de un hombre famoso podía tener ventajas e inconvenientes. Las ventajas eran poder conocer a gente interesante e ir a lugares interesantes. Cuando tenía trece años, el presidente Lyndon Johnson invitó a mi padre a pasar la noche en la Casa Blanca. Mi padre me llevó con él, y ¿saben qué? ¡Dormí en la cama de Lincoln! Desde entonces he tenido el privilegio de conocer a todos los presidentes de los Estados Unidos.

La parte negativa de llevar ese apellido eran las expectativas irreales de la gente. No fue hasta que pasé de los veinte y le entregué en serio mi vida al Señor que empecé a tomarme en serio el privilegio y la responsabilidad que tenía por causa de mi padre. Sabía que si hacía algo vergonzoso, no sólo me pondría en evidencia a mí, sino a un apellido admirado por muchas personas del mundo entero.

Cuando empecé mi ministerio en *Samaritan´s Purse* [La bolsa del samaritano] viajé por todo el mundo visitando nuestros centros de ayuda. Por todas partes adonde iba, la gente se me acercaba y se mostraba encantada de conocer al hijo de Billy Graham. Muchas veces se comportaban tímidamente, dándome explicaciones, pensando que lo que tenían que contar era poco interesante porque yo había oído historias como esas muchas veces. Me contaban que el ministerio de mi padre había impactado el viaje espiritual de sus vidas: «Ya sabemos que estarás aburrido de escuchar esto, pero quiero que sepas ... Y si te acuerdas, cuando veas a tu padre, dale las gracias».

Sinceramente, nunca me aburro de oír cómo las personas, o sus parientes o amigos, llegaron a estar en paz con Dios por medio de la vida y el ministerio de Billy Graham. Disfruto oyéndolo. Muchas veces, después de su encuentro decisivo con Jesucristo, estas personas han hecho grandes cosas, impactando a miles en su Nombre.

Ahora sé que valió la pena todas las veces que extrañé a mi padre cuando se hallaba fuera de casa por períodos prolongados. Cada minuto. No quiero herir el nombre de mi padre terrenal, ni tampoco el Nombre de mi Padre celestial.

Pero hay veces en que la vinculación a un nombre famoso es un desafío. Palabras que uno dice en privado pueden estar en los titulares mañana, y pueden ser totalmente mal interpretadas o citadas incorrectamente. Esto puede convertir la vida de uno en un reto aún mayor. Sin embargo, estos desafíos a menudo conducen a oportunidades sin precedentes en el servicio del Señor. En lo que a mí respecta, quiero ser fiel al llevar el Nombre del Señor Jesucristo.

VAGAR POR EL DESIERTO

Uno de los grandes desafíos de mi ministerio ha sido trabajar en lugares difíciles. Durante años he trabajado intensivamente en el Líbano, Egipto, Jordania, Siria e incluso Irak. Siento un amor especial por esta parte del mundo.

En ciertas zonas del Medio Oriente la vida no ha cambiado mucho desde los tiempos bíblicos. He visto a personas que viven en tiendas de piel de cabra. He contemplado caravanas que atraviesan el desierto. Ver estas cosas te hace sentir la Biblia como algo vivo, sobre todo al leer la historia de Abraham, que buscó la tierra prometida por Dios. Siento un gran amor por los árabes, y tengo muchos amigos que dieron su vida por servirlos.

Una de mis amigas de más tiempo, Aileen Coleman, enfermera, ha servido durante décadas como misionera entre los árabes del Medio Oriente, ofreciendo cuidados médicos modernos, todo en el nombre de Jesucristo. Nuestro ministerio, *Samaritan´s Purse*, la ha ayudado muchas veces. Aileen me contó una historia verídica concerniente a las tribus beduinas que todavía vagan por esa tierra hoy día.

«Beduino» es una palabra aramea que designa a los habitantes del desierto. Estas personas, que nos pueden resultar extrañas, tienen muchas tradiciones y costumbres, muchas de las cuales están muy cercanas a las enseñanzas bíblicas. Estos nómadas son descendientes de Abraham y de Agar, la sierva egipcia de Sara. Muchas veces mencionan a «nuestro gran padre, Abraham». Él también vivió en tiendas de piel de cabra, al igual que Isaac y Jacob, y hoy día se sentirían en casa entre estos habitantes del desierto. Esta historia tuvo lugar en la parte sur del reino hachemita de Jordania, cerca de Wadi Rum, un área desértica, sombría y estéril, muy conocida por los beduinos.

Esta historia es un ejemplo poderoso en términos humanos de las muchas facetas de fuerza, protección, amor, redención y poder contenidas en la integridad de un nombre.

A SALVO EN UNA TIENDA

Cierto día dos muchachos, Abdul y Mohammed, estaban escalando el terreno rocoso cuando se enredaron en una acalorada discusión. Abdul golpeó a Mohammed y lo mató accidentalmente. Al igual que pasa con otros de diferentes razas y culturas, en el Medio Oriente tienen el genio muy vivo. La mayoría de las veces ventilan sus volátiles emociones con maldiciones, agitando los brazos o haciendo destellar los dientes con empastes de oro. Este jovencito había perdido el control, y ahora su amigo estaba muerto en el paisaje pedregoso, víctima de un asesinato en segundo grado. Abdul sintió un horror tremendo. Al mirar hacia el suelo se sintió desfallecer a la vista del cuerpo flojo de su amigo.

—¡Mohammed! —gritó Abdul.

Mohammed yacía extrañamente silencioso, con el cuello torcido.

—¡Mohammed, Mohammed! —chilló Abdul, pero Mohammed no respondió. Abdul lo sacudió, tratando desesperadamente de obtener una respuesta de su mejor amigo. El cuerpo sin vida yacía torcido en las afiladas rocas.

Abdul comenzó a llorar; su rostro curtido se llenó de lágrimas.

Mohammed estaba muerto.

En la sociedad beduina todavía prevalece lo de «ojo por ojo, diente por diente». Conociendo la inflexible costumbre de su gente, este joven atravesó corriendo el desierto, muerto de miedo, hasta que divisó la tienda del jefe de la tribu. El muchacho, tomando aliento, se lanzó hacia el refugio, agarró la estaca de la tienda, y gritó pidiendo misericordia. El jeque se acercó a la puerta al oír el grito del muchacho. El joven confesó su culpa y pidió protección.

Una de las costumbres de los beduinos es que si un fugitivo agarra la pértiga de una tienda y le suplica protección al dueño de la misma, si éste le asegura protección, dará su vida por el que está en fuga. Se trata de un asunto de honor y deber; la integridad del nombre del dueño está en juego.

El jeque miró al frenético muchacho, que tenía los nudillos blancos de agarrar la pértiga con tanta fuerza. El viejo jeque puso la mano en una de las cuerdas de la tienda y juró por Alá:

—Métete en la tienda —le dijo el jeque al chico, haciendo un gesto con la mano—. Te doy mi protección.

Al día siguiente, unos jóvenes que habían sido testigos del crimen vinieron corriendo a la tienda:

—¡Aquí está! ¡Aquí está el asesino! —gritaron.

Pero el anciano dijo:

—He dado mi palabra.

Ahora la vida del chico dependía de la integridad de este viejo beduino.

—¡Quítate del medio! ¡Entréganos al muchacho! — gritaron.

El viejo jeque beduino no se movió del sitio. Su nombre era respetado en la aldea. Su palabra era tenida por buena. Si estos hombres, tratando de vengarse, ponían una mano encima de Abdul, tendrían que matarlo antes a él.

—¡Hazte a un lado, jeque! —gritó un hombre—. ¡Danos al chico!

—No —dijo el anciano firmemente, y su voz fue simultánea al movimiento que hizo con la mano para agarrar un cuchillo que llevaba en la cintura.

—Es que no te das cuenta —le dijeron los perseguidores— Ese chico es un asesino. Le ha quitado la vida a otro.

—Le he prometido mi protección, y voy a hacer honor a mi palabra —contestó el jeque.

—¿Sabes a quién ha matado? —preguntaron los hombres.

—Eso no importante —contestó el jeque.

Uno de los hombres le espetó:

—¡Ha matado a tu hijo, a tu único hijo!

El anciano se estremeció, como si un cuchillo le hubiera atravesado el corazón. Los ojos se le llenaron de lágrimas. Hubo un largo silencio. Las rodillas del viejo temblaban. El rostro se le llenó de tensión.

En el suelo de la tienda del jeque, Abdul cerró los ojos y enterró la cara entre las manos, esperando la venganza. Estaba seguro de que su fin había llegado.

Un poco después el anciano habló con suavidad:

—Soy viejo ya; nunca podré tener otro hijo.

Abdul sentía agitársele el corazón. *Estoy muerto,* pensó.

—Le he dado mi protección al chico —continuo el jeque—, y voy a honrar mi palabra.

—¿Qué? —se asombraron los perseguidores—. ¿Cómo

puedes honrar tu palabra si este chico es el único responsable de la muerte de tu hijo?

—Soy viejo —continuó el jeque con un hilo de voz—. No puedo hacer que mi hijo vuelva a la vida. Como este chico se acercó a mí de la forma correcta, voy a tomarlo como mi propio hijo, y voy a educarlo. Vivirá en mi tienda y será mi heredero. Todo lo que tengo será suyo. Llevará mi nombre.

* * *

Cuando Aileen me contó esta historia sentí un escalofrío. Esta era una imagen de lo que Dios ha hecho por la humanidad por medio de la muerte del que lleva su Nombre.

Igual que en el caso de Abdul, para cada uno de nosotros la vida eterna o la muerte dependen de que encontremos protección, refugio y redención por medio de la sangre que Cristo derramó. Como dice la Biblia: «Todo aquel que invocare el nombre del Señor, será salvo».[17]

El apóstol Juan dijo: «Mas a todos los que le recibieron, a los que creen en su nombre, les dio potestad de ser hechos hijos de Dios».[18]

Creer en el Nombre del Hijo unigénito de Dios es la clave de todo. Desde esa afirmación de Juan, hace dos mil años, hasta hoy, se ha alzado un conflicto en torno a este Nombre. Ha sido, y sigue siendo, la mayor controversia de la historia. ¿Por qué ha conmovido este Nombre los cimientos de la sociedad humana? Lo descubrirá usted mismo cuando lea los capítulos siguientes.

2

«USTED ME HA OFENDIDO»

Era una tarde de domingo gris y nublada en Colorado. El clima concordaba con nuestro estado de ánimo. Muchos de nosotros estábamos sentados (la mayoría con brazaletes negros con una cinta fina plateada y blanca), sumidos en nuestros pensamientos, esperando que comenzara el funeral.

Nos encontrábamos al aire libre, en una tarima improvisada que normalmente se usaba como entrada a un salón de actos de usos múltiples. Ramos de flores derramaban su aroma en el aire frío de la montaña. Un tejado provisional, cubierto de pancartas, nos protegía en parte de la niebla intermitente. A lo lejos se veía un poco de nieve, que cubría la hilera frontal de las Montañas Rocosas.

En el estacionamiento que había delante de nosotros se habían reunido unas setenta mil personas. El frío aire primaveral golpeaba a los asistentes al funeral que llevaban globos azules y blancos. También había muchos con flores. Y algunos· izaban pancartas caseras que expresaban sus sentimientos de pérdida y de dolor.

Quedé encantado con el estado de Colorado desde 1974

cuando mi esposa Jane y yo, recién casados, fuimos en jeep desde Carolina del Norte hasta Estes Park para asistir a una escuela bíblica muy pequeña. Siempre estoy deseando ir a este hermoso estado. Pero aquel día triste me habría gustado estar en cualquier otro sitio antes que en esa ciudad de las Rocosas. ¿Qué iba a decir yo? ¿Qué *podía* decir?

La tragedia del martes anterior, el 20 de abril de 1999, había interrumpido las telenovelas y los programas de debate con una alarmante noticia de última hora: Un colegio de secundaria de las afueras de Denver estaba sitiado. No se tenían muchos detalles, pero según los primeros informes, unos hombres armados, en plan de matar, se encontraban dentro del colegio. Ya habían llegado al lugar cientos de policías, bomberos y miembros del cuerpo de antidisturbios, todos llevando equipos protectores y armados. Mientras los helicópteros sobrevolaban la escena, los oficiales de policía se agazapaban detrás de los coches patrulla o rodeaban el edificio. Luego apareció una caravana de ambulancias con las sirenas encendidas. ¿Qué sucedió esa mañana de primavera en una de las localidades más adineradas y prístinas de los Estados Unidos?

Como la mayoría de los norteamericanos, yo nunca había oído mencionar Columbine High School, pero millones de nosotros interrumpimos lo que teníamos entre manos en aquel momento para mirar las escalofriantes imágenes televisivas: estudiantes muertos de miedo que corrían para salvar la vida; un chico colgado de una ventana, y que luego caía en brazos de las fuerzas de rescate; padres e hijos que se reunían, llorando a lágrima viva.

Miramos y oramos. Poco después empezamos a conocer mejor la historia. Dos muchachos adolescentes, llenos de odio, e impulsados por el mal, habían descargado su ira con balas y bombas sobre estudiantes y otras personas inocentes. La carnicería no paró hasta que Eric Harris y Dylan Klebold se dispararon a sí mismos en la biblioteca del colegio. Habían matado a doce estudiantes y a un profesor.

Al día siguiente de la masacre, el 21 de abril, me llamó por teléfono Larry King, productor de *Larry King Live,* de la CNN. Larry quería dedicar el espacio televisivo de aquella noche a la masacre de Columbine, y me invitaba a hacer algún comentario sobre esa indescriptible tragedia. Le dije que sí, así que un poco más tarde fui a un estudio de grabación cercano para unirme a distancia al programa de Larry. Antes de estar en el aire vi por un monitor de televisión la entrevista que le hacía Larry a otra invitada, una adolescente llamada Mickie Cain, alumna del colegio, y testigo de muchos de los acontecimientos del día anterior. A la chica le costaba bastante mantener la calma, y sólo fue capaz de balbucear unas cuantas palabras antes de echarse a llorar.

Larry tuvo mucha paciencia, y le dio a la chica todo el tiempo necesario para que se tranquilizara. Ella narró la escalofriante historia. «Me gustaría hablar de mi amiga Cassie. Era una chica increíble. Al final de su vida se puso de parte de lo más grande que existe. Tuvo el valor de darle a su vida un giro completo, y comenzó a confiar en Cristo. Fue valiente sin reservas a favor de Dios cuando los asesinos le preguntaron que si había alguien [en la clase] que creyera en Cristo. Ella mostró su fe y le dispararon por eso».

Yo me quedé asombrado. Me costaba creer lo que acababa de oír. Si esta historia era cierta, entonces la sangre de un mártir cristiano había manchado el piso de un colegio de secundaria de los Estados Unidos.

Mientras veía el programa no pude evitar pensar en mis antepasados escoceses, que cuando se les ordenó reconocer al rey de Inglaterra como cabeza de la iglesia se negaron a ello, diciendo: «Jesucristo es la única y verdadera cabeza de la iglesia». Miles de personas que profesaron eso mismo fueron masacradas por no darle la espalda al nombre de Jesucristo. Los escoceses llegaron en barco a las orillas de América. ¿Por qué? Para poder alabar el nombre de Jesucristo libres del temor y la muerte.

Mientras veía esto, me llegó el turno de estar en el aire, con lo que aproveché la oportunidad para comentar lo que Mickie Cain le había declarado al mundo sobre su amiga. Por ser cristiana, yo sabía que Cassie Bernall se encontraba ahora a salvo, al cuidado de su Padre Celestial. Había declarado su fidelidad a Cristo y había muerto por su Nombre.

Dos días más tarde me llamó un asistente del gobernador de Colorado, Owens. Se había organizado un funeral para el domingo por la tarde. El gobernador me pidió que tomara parte junto con funcionarios gubernamentales y otras personas para honrar a las víctimas y ofrecer un breve mensaje de esperanza. Acepté la invitación con temor y duda.

Tomé un avión a Denver, y me alojé con Bill y Verna Pauls, dos buenos amigos. El funeral no era hasta el día siguiente, pero esa tarde yo quería ir a otro funeral improvisado, que atrajo a miles de personas. Nos acercamos en el auto al colegio todo lo que pudimos. Había mucha gente deambulando por allí. El colegio estaba acordonado, como la escena de un crimen, y un parque cercano se había convertido en un lugar conmemorativo. Estaba lleno de flores, globos, tarjetas, animales de peluche y otros recordatorios, atados en alto. Al caminar por allí vi un montón enorme de flores, y me enteré de que el auto de una de las víctimas, Rachel Scott, estaba enterrado bajo aquel singular «ramo» de flores. Un silencio reverente inundaba toda la zona. Los asistentes estaban reunidos en grupos, hablando en voz baja, como turistas asombrados que ven por primea vez una catedral majestuosa. Había miles de tarjetas y notas en el suelo. Un niño tenía en la mano un papel donde había escrito: «Señor Dios, enséñame a reír otra vez».

Un día más tarde, junto con muchos dignatarios, estaba esperando en silencio a que empezara el funeral. El vicepresidente Al Gore y su esposa, Tipper, llegaron con el gobernador Owens, el alcalde, el director del colegio y funcionarios municipales. El funeral comenzó con dos hermanos, alumnos del colegio, que cantaron una canción homenaje compuesta por ellos mismos, llamada «Amigo mío». La letra decía:

> ¿Aún oyes el rugido de las pistolas que terminaron con los sueños de nuestros amados?
> En el Hijo de Dios vendrá la esperanza; su mancha roja nos limpiará el dolor.

Durante la canción, una de las personas de la multitud soltó un balón al aire. Luego hubo otro. Y luego muchos más. Cientos. Y al final, como si se hubieran puesto de acuerdo, el cielo se llenó de miles de globos azules y blancos. Ese fue uno de los muchos momentos conmovedores. Todos nosotros, incluido el vicepresidente, fijamos los ojos en el cielo, mientras esa inmensa hilera de globos desaparecía de la vista.

Después de eso, una banda de gaiteros vestidos con falda escocesa interpretó «Asombrosa gracia». Vi miles de rostros llenos de lágrimas. El estacionamiento estaba totalmente lleno de gente, tanto que ni se veía el final. Al fondo había un grupo de personas que, como si fueran pájaros gigantes, se había subido a las ramas de un árbol sin hojas.

Uno detrás de otro, los dignatarios e invitados ofrecieron palabras y oraciones de consuelo. Amy Grant, Phil Driscoll y mi buen amigo Michael W. Smith consolaron al público con música. Michael entonó su conocida canción «Amigos», y mientras la música se extendía mediante el equipo de sonidos, los estudiantes y los adultos asistentes se balanceaban abrazados. Después de presentar al general retirado Colin Powel, el vicepresidente Gore habló con compasión: «Aquí, en el condado de Jefferson, la primavera ha dado paso a un invierno frío en el corazón». Mientras él hablaba, yo oraba en silencio: *Señor, ayúdame a ensalzar el Nombre de tu Hijo cuando me toque hablar.*

Había luchado al preparar mi mensaje. ¿Qué le puedes decir en esos momentos a personas con el corazón roto? Después de años de trabajo humanitario en zonas de catástrofe, contemplando las consecuencias de la guerra, viendo desastres naturales y crueldad humana de todo tipo, he aprendido que sólo hay un mensaje que trae consuelo y esperanza. Mejor dicho, sólo hay una Persona que trae consuelo y esperanza en momentos así. Al levantarme para hablar vi los rostros de las trece familias que habían perdido a seres queridos.

Hablé sobre Job en la Biblia, quien le preguntó a Dios: «¿Por qué?», después de todo lo que perdió. Al igual que usted, he oído muchas veces a la gente haciéndose esa misma pregunta: «¿Por qué?» Todos nos hemos cuestionado la misma cosa. Le dije a la multitud allí congregada que no tenía respuesta para eso, pero que estaba seguro de una cosa: «Dios existe. Él le ama. Se preocupa por usted. Un día, Él va a juzgar a todos los hombres. Un día Él traerá justicia. Un día, queridos amigos, arreglará todas las cosas».

Y dije con convicción: «Dios entiende lo que es una pérdida, la pérdida de este mundo al pecado. La pérdida de su Hijo, Jesucristo, cuando fue clavado en la cruz del Calvario y dio su vida por nuestros pecados.»

Jesús entiende lo que es perder algo. Lloró al enterarse de que se había muerto Lázaro, su buen amigo. Él conoce tu dolor. Ve tus lágrimas, y te ofrece lo que le ofreció a Lázaro, la resurrección a una nueva vida, vida eterna junto a Él. Jesús dijo: «Yo soy la resurrección y la vida; el que cree en mí, aunque esté muerto, vivirá. Y todo aquel que vive y cree en mí, no morirá eternamente».[1]

Después les pregunté a los que me estaban escuchando: «¿Ustedes creen en Jesucristo?» Y les compartí el evangelio. La niebla se había convertido ahora en una llovizna. La multitud estaba casi cubierta por un dosel de paraguas multicolores. En una tarde así, gris y triste, lo único que yo podía hacer como ministro del evangelio era hablar sobre la única luz que puede horadar las horas más oscuras de la vida.

Le recordé a la multitud la decisión de vida o muerte que había tomado Cassie Bernall. «Cuando el asesino se lanzó a la biblioteca, le apuntó con la pistola y le hizo esa pregunta para vida o para muerte: «¿Crees en Jesucristo?», ella hizo una pausa y respondió: «Sí, creo». Esas fueron las últimas palabras de esta valiente cristiana de diecisiete años. El hombre de la pistola le arrebató la vida terrenal. Yo creo que Cassie fue inmediatamente a la presencia de Dios Todopoderoso. Estaba preparada».

Se oyó un aplauso de la multitud, que homenajeaba el sacrificio de Cassie.

«Estaba preparada para ver a Dios y estar ante Él», seguí. «Y yo les pregunto a ustedes hoy: "¿Están preparados?" La vida está llena de cambios. Para estar preparados tenemos que estar dispuestos a confesar nuestros pecados, arrepentirnos de ellos, pedirle perdón a Dios y aceptar por fe a su Hijo, Jesucristo, en nuestros corazones y en nuestras vidas. Dios nos perdonará y nos limpiará de todo pecado. Nos dará un corazón nuevo, un espíritu nuevo y un comienzo nuevo. Y nos dará la esperanza y la seguridad de que un día estaremos con Él en el cielo».

Volví a insistirle a todo el mundo que pusiera su fe y su esperanza en Jesucristo. Cerré con una oración, y me senté.

Owens, el gobernador, me dio las gracias y puso punto final al funeral. Mientras leía los nombres de las víctimas se soltó una paloma blanca en recuerdo de cada una. «Que Dios les conceda la paz eterna», dijo el gobernador.

Cuatro aviones militares se remontaron en el aire, y un rabino de la zona de Denver cerró el funeral con una oración. La banda de gaiteros y otra de tambores subieron a la tarima, mientras nosotros nos dirigíamos al monumento conmemorativo del colegio, donde se pusieron flores como el acto final de honrar a los muertos.

Cuando comenzamos a salir se me acercó un hombre. Era obvio que estaba muy nervioso, y me dijo en voz alta y con tono desagradable:

—¡Usted me ha ofendido!

Me quedé sorprendido. Yo no conocía en lo absoluto a ese hombre. ¿Cómo podía haberlo ofendido? Como no quería entrar en una discusión, y menos en un momento así, le miré directamente a los ojos, y le contesté suavemente:

—¿Me perdona?

Mi respuesta lo desconcertó, así que me volvió a decir:

—¡Usted me ha ofendido!

—¿Me perdona? —le volví a responder. Él se comportaba como si yo supiera de qué me estaba hablando, pero yo estaba asombrado. Lo único que habría conseguido poniéndome a discutir con él habría sido estropear un momento tan solemne.

El hombre volvió a decir: «¡Usted me ha ofendido!», y yo repetí una vez más: «¿Me perdona?» Después de eso se alejó. Empecé a repasar mi mensaje. ¿Mi forma de usar el Nombre de Jesús había sido causa de ofensa?

Mi sospecha era cierta. Durante los días posteriores al hecho, los periódicos locales comentaron lo que llamaron mi «ofensa» en el funeral de Columbine. En el *Denver Post* apareció una cita de otro hombre, el presidente de una organización religiosa liberal: «Me da la impresión de que él [Franklin Graham] estaba intentando meternos miedo con la cuestión del cielo, en vez de presentárnoslo de forma amable».[2]

Otros dijeron que se sintieron ofendidos porque usé el Nombre de Jesús. Pero también recibí muchas cartas y llamadas de personas que me agradecieron lo que había dicho, y me ofrecían su apoyo.

Misty Bernall, la madre de Cassie, me llamó la semana siguiente al funeral, y me dio las gracias por presentar la verdad del evangelio. Hablamos de que la verdad de Dios es la única esperanza que tenemos. La señora Bernall me contó un poco de la vida de su hija. Varios años antes de la tragedia del colegio, Cassie se había apartado del Señor. Sus padres creyeron que la estaban perdiendo ante Satanás. Le prohibieron asistir a cualquier actividad que no fuera de la iglesia. Un fin de semana, durante un retiro para jóvenes, Cassie se enfrentó cara a cara con la verdad de la Palabra de Dios. Cassie vino a conocerlo de una forma muy real, y la verdad de su amor la liberó de las ataduras del pecado.

Desde la tragedia del colegio Columbine hubo un reenfoque relativo al impacto del Nombre. ¿Por qué causa tal alboroto el Nombre de Jesucristo? ¿Por qué casi nadie se queja cuando la gente maldice su Nombre, pero si hablas sobre Él con respeto u oras en su Nombre, habrá quien te llame «loco», como el hombre que dijo: «Usted me ha ofendido»?

Vamos a explorar qué es lo que tiene el Nombre, que ha traído tanto consuelo y sanidad para millones a lo largo de los siglos... pero en otros ha provocado odios y ofensas venenosas.

3

¿ORAR EN EL NOMBRE?

Hoy día existen facciones de la sociedad que odián a Dios y a todo el que lo defienda. Pero a la verdad no esperaba una reacción tan vehemente. En los Estados Unidos, país que acuña en sus billetes la frase «Confiamos en Dios», todavía me sorprende que cuando un ministro cristiano hace aquello para lo que fue ordenado (leer y citar la Biblia, compartir la verdad del evangelio, orar en el nombre de Jesús) haya gente que considere esos actos como algo casi subversivo.

No recuerdo ninguna otra ocasión en que nuestra nación estuviera tan dividida políticamente como en enero del 2001. La controversia que acompañó el recuento de votos en la Florida en las elecciones presidenciales había polarizado a los norteamericanos. Aunque según las encuestas la mayoría de los electores deseaba ver un cambio en la Casa Blanca después de ocho años turbulentos, casi el cincuenta por ciento se sentía desilusionado, e incluso convencido de que el gobernador Bush y los republicanos de alguna forma habían manipulado los resultados. A la vista de esto, miembros de las mesas electorales e incluso de los medios de comunicación estuvieron de acuerdo, después de un intenso escrutinio y recuento, en que ése no era el caso.

Mi padre ha tenido el honor de orar o participar de alguna forma en ocho investiduras presidenciales, comenzando con la ceremonia para Lyndon Johnson en 1965. Con ocasión de la segunda investidura de Clinton, mi padre fue invitado a hacer la oración inaugural. Como su salud había empeorado, me pidió que lo acompañara a Washington, D.C.

Durante dicha ceremonia me senté a la derecha de mi padre, en la tarima para las autoridades y dignatarios. A mi izquierda estaban sentados todos los jueces del Tribunal Supremo con togas y capas. Detrás de mí se encontraban los líderes demócratas y republicanos de ambas cámaras del Congreso.

Este evento tan espectacular suele estar rodeado de mucha pompa y boato. La batalla electoral ha terminado. Ha llegado el momento de que el gobierno de este poderoso país y sus ciudadanos invistan a un nuevo presidente.

Recuerdo que me impresionó ver a miembros de partidos políticos opuestos (que dos meses antes estaban enzarzados en la batalla por la Casa Blanca) dándose la mano y saludándose calurosamente. La vida seguía adelante, tanto para la nación como para cada individuo. Bill Clinton volvería a gobernar. Bob Dole volvería a la vida privada, se dedicaría a hacer discursos y a disfrutar de otras actividades productivas fuera de la cámara del Senado. Qué gran nación y qué gran sistema de gobierno.

Cuando a mi padre le llegó el turno de orar, el único apoyo que necesitó fue una mano firme que le ayudara a ponerse en pie.

Después de la ceremonia los dignatarios y los invitados subieron los escalones del Capitolio para asistir al almuerzo de investidura, organizado por el Comité Conjunto del Congreso para Ceremonias de Investidura. Esta reunión es una tradición muy antigua y sirve para que se pueda afirmar que el día de la investidura simboliza nuestra unidad nacional. A mi padre le pidieron que bendijera la comida, por lo que estaba sentado a la cabecera de la mesa. Yo estaba cerca de él, por si necesitaba ayuda para llegar al podio cuando le tocara orar. Me acerqué al vicepresidente, Al Gore, que estaba sentado junto a mi padre, y le pregunté si podía ayudarlo en caso de ser necesario. Me dijo que sí, y cuando mi padre fue presentado, Gore le ayudó a ponerse en pie y a llegar hasta el micrófono.

Aunque el día había estado lleno de boato histórico, me alegré de llegar al final de todo y poner rumbo a las colinas de Carolina del Norte, donde está mi casa.

Ahora, cuatro años más tarde, cuando se acercaba la investidura del presidente número cuarenta y tres, el comité inaugural quería que Billy Graham participara en la ceremonia. Mi padre realmente quería hacer esto por George W. Bush, quizás más que por ningún otro presidente electo. Varios años antes, mientras visitamos a la familia Bush en Kennebunkport, Maine, mi padre y George W. mantuvieron una conversación sobre la fe, que impactó muchísimo la vida de Bush, como él mismo explica en su biografía, *A Charge to Keep*.[1]

Pero según los pronósticos meteorológicos, aquella mañana sería muy fría y húmeda en el área de Washington, D.C., así que los médicos de mi padre de la clínica Mayo le pidieron que no arriesgara su salud asistiendo a la ceremonia de investidura, ya que iba a ser al aire libre. El comité inaugural me llamó entonces de parte del presidente electo, Bush, para pedirme que dirigiera la advocación en lugar de mi padre. Ya me habían invitado también a dar un mensaje en el culto de oración presidencial en la Catedral Nacional de Washington el domingo siguiente a la investidura, pero estar a cargo de la invocación durante el juramento, eso ya era otra cosa. Varios años antes le había dicho a mi padre que le ayudaría en todo lo que pudiera, así que no podía decir que no. Acepté la invitación con un alto sentido del deber, y comencé a prepararme. Era una gran oportunidad, orar por el nuevo presidente y su administración, además de representar al hombre al que tanto amo y respeto. Me pareció que era una responsabilidad importante, que no podía tomarse a la ligera.

El reverendo Kirbyjon Caldwell, pastor de la gran Iglesia Metodista Unida de Windsor Village, en los alrededores de Houston, era el encargado de la bendición. Caldwell era un amigo de la familia Bush, y el verano anterior había presentado a George W. en la Convención Republicana Nacional.

Me puse a preparar una oración que invocara el poder de Dios. Habría millones de personas escuchando, y mi deseo más profundo era hacer que el país se enfocara en el Dios Todopoderoso, pedirle su bendición para el presidente nuevo y para la administración saliente, y traer gloria a su nombre.

El país todavía estaba recuperándose de las heridas de las elecciones. Ponderé la confusión que todavía se sentía en la nación, preguntándome cuál sería la mejor forma de cerrar la oración. Muchas veces, pastores cristianos que oran en foros públicos terminan sus oraciones con «en el nombre de Dios», pero para mí hacer eso sería comportarme falsamente. Desobedecería negando a Aquel a quien sigo. Siempre he orado en el nombre de Jesús. Es la única forma que conozco para que un pecador como yo pueda llegar ante Dios, que es santo.

Otra forma de entender esto es el ejemplo de la reina de Inglaterra, Isabel II, quien nombró a mi padre Caballero del Reino Unido en diciembre del 2001. Como mi padre no estaba en condiciones de viajar a Inglaterra para recibir dicho honor, la reina autorizó al embajador británico en los Estados Unidos para nombrar caballero a mi padre en Washington, D.C., en su lugar. ¿Qué habría pasado si el embajador hubiera actuado por cuenta propia, sin que Su Majestad le hubiera otorgado tal poder? El nombramiento de mi padre no habría significado nada. De igual modo, no tenemos base ni autoridad para llegar ante Dios si no es por medio de Jesucristo, el Representante que el mismo Dios nos envió personalmente, ya que por medio de nuestros esfuerzos humanos éramos incapaces de llegar hasta Él.

Hace años, cuando yo era joven, creía que si llegaban oportunidades para el ministerio público, esas oportunidades venían de Dios. Ahora Él me estaba abriendo una puerta. Se me había dado una plataforma mayor: la oportunidad de enfocar los ojos de la nación en Dios. Honrar o no a su Hijo era algo que ni me planteaba. Lo único que de verdad podía hacer era orar en su Nombre.

La noche del viernes anterior a la ceremonia asistí a una reunión preparatoria en un hotel de Washington. Los participantes repasamos juntos el orden de eventos. En esa reunión conocí al reverendo Kirbyjon Caldwell, alto, atractivo, ágil, un predicador poderoso. Después de las presentaciones, su calidad humana hizo que me sintiera como si lo conociera desde hacía mucho tiempo. Conseguimos hablar a solas durante un ratito, y Caldwell me dijo:

—Franklin, te quiero preguntar una cosa. ¿Vas a orar en el Nombre de Jesús?

—Sí —le contesté—, siempre lo hago.

—¡Muy bien! —dijo Kirbyjon, con una gran sonrisa—. Yo también voy a hacerlo.

Me sonreí para mis adentros, y pensé: *Me gusta Caldwell. Es valiente para la causa de Jesús.*

El día de la ceremonia de investidura, el sábado 21 de enero, las predicciones meteorológicas resultaron acertadas. La temperatura era bajísima, y los nubarrones grises dejaban escapar una llovizna fría. Mi padre hizo muy bien quedándose en casa.

Mi esposa Jane y yo llegamos al Capitolio a las nueve de la mañana y nos llevaron a una sala de espera donde se encontraban otros participantes en la ceremonia. Dos horas más tarde fuimos escoltados por uno de los marines hasta lo alto de los escalones del Capitolio, mientras un portavoz anunciaba nuestra llegada por los micrófonos. El lugar que me asignaron era la misma silla que mi padre había ocupado cuatro años antes. Entonces me di cuenta de cómo Dios había usado aquella experiencia para prepararme para este día. A juzgar por el ruido que se oía delante del Capitolio, me di cuenta de que había muchísima gente reunida allí, pero era imposible reconocer la cara de nadie debido a que un gran contingente de cámaras de televisión nos impedía ver más allá de la tarima.

Cuando los dignatarios bajaron los escalones y ocuparon sus asientos, me sentí una vez más conmovido ante este suave traspaso de poderes. Aunque la elección presidencial había sido desafiada de una forma sin precedentes en la historia de los Estados Unidos, había llegado el momento de que América honrara e instaurara a un nuevo líder. Y a pesar de toda hostilidad política, nuestro país siempre se ha levantado con dignidad para una ocasión así.

Cuando se sentaron los últimos invitados, se anunció la llegada del presidente electo y su familia, los cuales fueron escoltados hasta sus asientos en medio de fuertes aplausos, que se oían con eco debido a la niebla. Justo delante de mí estaba sentado el equipo saliente del presidente Bill Clinton y del vicepresidente, Al Gore. Al otro lado del pasillo se encontraba el equipo del presidente electo, George W. Bush y del vicepresidente electo, Dick Cheney.

La expectación aumentaba. Gente de diferentes clases e ideologías políticas se había dado cita en un momento de unidad. El Señor, con su poder soberano, me estaba ofreciendo el privilegio de hablarles a otros sobre alguien más importante que ninguno de los asistentes al acto, el que lleva el Nombre que es sobre todo nombre.

Cuando llegó el momento de la invocación me dirigí al podio. Envuelto en el desapacible aire de enero, le ofrecí mi oración al Dios Omnipotente, mientras mi aliento se convertía en vapor blanco.

Bendito seas, Señor Dios nuestro,
tuyas son, Señor, la grandeza, el poder,
la gloria, la majestad y el esplendor,
porque tuyo es todo lo que hay en el cielo
y en la tierra.
Tuyo es el Reino, oh Dios,
Tú eres exaltado por encima de todo.
El bien y el honor vienen de ti,
Tú gobiernas sobre todo.
En tus manos están la fuerza y el poder para exaltar
y para dar fuerzas a todo.

Yo quería dejar muy claro que por muy grande que sea una nación como los Estados Unidos, dependemos totalmente de la misericordia de un Dios santo y grande.

Como dijo una vez el presidente Lincoln,
somos los receptores de lo mejor de los cielos,
nos has guardado todos estos años en paz y prosperidad.
Hemos crecido en número, bienestar y poder,
más que ninguna otra nación.
Pero nos hemos olvidado de Dios.
Por tanto, no nos queda más que humillarnos ante la
Potestad ofendida,
para confesar los pecados de nuestra nación,
e implorar clemencia y perdón.

Me pareció que lo que había dicho Lincoln, uno de nuestros mejores presidentes, era perfecto para ese momento, a la luz de los ocho años anteriores. Aunque durante ese tiempo nuestro país había prosperado mucho, era importante recordar de dónde venían todas esas bendiciones, de la misericordia de nuestro Padre celestial.

Señor,
al reunirnos en esta ocasión
solemne e histórica para investir una vez más

a un presidente y a un vicepresidente,
recuérdanos de nuevo que el poder, la sabiduría y la
salvación
vienen sólo de tu mano.

Señor, oramos por
el presidente electo, George W. Bush
y el vicepresidente electo, Richard B. Cheney,
a quienes les has confiado el liderazgo
de esta nación en este momento de la historia.

Te pedimos que les ayudes a unir a nuestro país,
para que nos elevemos por encima de políticas partidistas
y busquemos tu voluntad para nuestra nación.
Úsalos para traer reconciliación entre las razas
y sanidad a heridas políticas,
para que de verdad seamos «una nación bajo Dios».

Era la primera vez en la historia de los Estados Unidos que nos habíamos enfrentado a unas elecciones presidenciales tan difíciles y potencialmente divisorias. Muchos ciudadanos estaban amargados y desilusionados por el proceso y el resultado. Hubo más manifestaciones de protesta en las calles de Washington, D.C., que en ninguna otra investidura desde la Guerra de Vietnam. Necesitábamos una fuerza sobrenatural que nos ayudara a perdonarnos unos a otros, a sanar las heridas, a avanzar como un pueblo unido.

Dale al nuevo presidente y a todos sus consejeros
calma al enfrentar las tormentas,
valor al enfrentar la frustración,
y humildad al enfrentar el éxito.

Por supuesto, ninguno de nosotros habría intuido, cuando le pedí al Señor que le diera a George W. Bush «calma al enfrentar las tormentas», que ocho meses más tarde se alzaría una inmensa, la mañana del martes 11 de septiembre.

Dales la sabiduría de saber y hacer lo bueno,
y el valor de decir no a todo lo que vaya contra tus estatutos
    y tu santa Ley.

Señor, oramos por sus familias,
sobre todo por sus esposas,
Laura Bush y Lynne Cheney,
que sientan tu presencia
y conozcan tu amor.

Hoy te confiamos
al presidente y senadora Clinton,
y al vicepresidente y a la Sra. Gore.

Guíalos en su nuevo viaje y dales oportunidad de servir
    a otros.

Señor, te dedicamos a ti esta ceremonia de investidura.
Que este sea el comienzo de un nuevo amanecer para
América.
Al humillarnos ante ti
y al reconocerte sólo a ti
como nuestro Señor, Salvador y Redentor.

Convencido de que Dios me estaba guiando en cada palabra de
mi oración, cuidadosamente había elegido la palabra *Redentor*.
Y por supuesto, me estaba refiriendo a quien vino a dar la vida
por todos los que respiran en este planeta. La redención que Él
adquirió con el sacrificio de su propia sangre está disponible
para cualquier que quiera aceptarla, independientemente de su
credo, nacionalidad, religión, raza, reputación o historia personal. Yo era consciente de que afirmar que no existe ningún
otro Nombre por el cual podemos ser salvos haría rechinar
ciertos oídos y corazones. Pero como ministro del evangelio, no

me habían llamado allí a acariciar el ego de nadie. Mi papel era reconocer al Todopoderoso, y agradarlo a Él. La Biblia dice: «A cualquiera, pues, que me confiese delante de los hombres, yo también le confesaré delante de mi Padre que está en los cielos».[2]

Yo temo a Dios de una forma sana. Sé que el Padre está muy orgulloso del Hijo. Como padre que soy, sé cuánto nos gusta a mi esposa y a mí que nos digan cosas agradables sobre nuestros hijos. Yo creo que es igual con Dios. Estoy seguro de que le gusta oírnos reconocer con honor el Nombre de su Hijo amado. Y yo quiero agradar a mi padre celestial cueste lo que cueste.

Continué:

> Oramos en el nombre del Padre,
> y del Hijo, Jesucristo,
> y del Espíritu Santo. Amén.

Ante mi sorpresa, ya que se trataba de un público reunido ante todo por intereses políticos, no religiosos, escuché a la gente prorrumpir en aplausos y responder «Amén». Me sentí gratificado al ver que los que me habían escuchado habían comprendido la importancia de buscar el favor de Dios. Al regresar a mi asiento, la senadora Hillary Clinton, que estaba sentada junto a Tipper Gore, sentada a su vez junto a Chelsea Clinton, la cual se encontraba a mi derecha, se inclinó por encima de estas dos damas, me estrechó la mano y susurró: «Gracias».

Ahora ya podía sentarme y seguir el resto de la ceremonia. Me sentí orgulloso del presidente cuando este ofreció su discurso, elocuente y poderoso, y disfruté con la bendición final dada por el reverendo Kirbyjon Caldwell. Cumplió su palabra, y honró a Jesucristo, orando en su Nombre.

Después del juramento, y para honrar la tradición, los participantes en la ceremonia seguimos al presidente Bush y a su familia al interior del Capitolio para el almuerzo inaugural. Allí se hallaban congregados senadores, jueces del Tribunal Supremo, el nuevo gabinete, todos con sus esposas. Al igual que había hecho mi padre cuatro años antes, bendije el almuerzo y les dirigí palabras cálidas al presidente Bush y sus distinguidos invitados. Durante el almuerzo hubo un flujo continuo de senadores, tanto demócratas como republicanos, que se acercaron a la cabecera de la mesa para darle la enhorabuena al nuevo presidente. Nunca olvidaré ese día, y creo que la mayoría de los norteamericanos tampoco.

Jane y yo tuvimos el privilegio de contemplar el desfile de investidura en la Avenida de Pensilvania desde el balcón del presidente. Cuando los festejos estaban a punto de terminar me escabullí al hotel a darle los últimos retoques al mensaje que debía dar al día siguiente en la catedral. La mayoría de los funcionarios electos de Washington asistieron. Este era un culto específicamente religioso, el primer evento así organizado por la nueva administración de Bush. Me sentí con entera libertad para decir desde el púlpito lo que creía que Dios había puesto en mi corazón.

Después del culto saludé al presidente y a su familia, prometiéndoles orar por ellos, ante la gran responsabilidad que ahora recaía sobre sus hombros. Esa misma tarde, después de almorzar con unos amigos, tomé un avión rumbo a un escenario mucho más tranquilo... a mi casa, en las montañas occidentales de Carolina del Norte.

Creía haber dejado atrás el frenesí de la investidura, pero varios días después Alan Dershowitz, un hombre que se describe a sí mismo como judío muy comprometido, se sintió ofendido por la forma en que usé el Nombre de Cristo. Dershowitz, que es profesor en la Facultad de Derecho de la Universidad de Harvard, y que como abogado ha defendido a clientes tan distintos como O. J. Simpson y Jim Bakker, afirmó lo siguiente en un editorial de *Los Angeles Times*:

El primer acto de la nueva administración de Bush fue permitir que un ministro protestante evangélico le dedicara oficialmente la investidura a Jesucristo, afirmando que se trata de «nuestro salvador». Invocando al «Padre, al Hijo, Jesucristo, y al Espíritu Santo», el hijo de Billy Graham, el hombre elegido por George W. Bush para bendecir su presidencia, excluyó de su bendición a los millones de norteamericanos que son musulmanes, budistas, sintoístas, unitarios, agnósticos y ateos, con su vocabulario particularista y parroquial.

Todo el artículo estaba escrito con ese tono venenoso. Dershowitz le dio rienda suelta a su ira:

En los Estados Unidos se permite rechazar cualquier tipo de teología. Por cierto, eso forma parte de nuestra gloriosa diversidad. Lo que no se puede aceptar es que en una ceremonia de investidura se excluya a millones de ciudadanos, dedicándola a un «salvador» religioso particular.

El artículo de Dershowitz concluía así: «Si Bush quiere que todos los norteamericanos lo acepten como presidente, no puede haber comenzado de peor forma, insertando su discurso sobre la unidad entre dos oraciones divisorias, sectarias e inapropiadas».[3]

¿De qué estaba hablando este hombre? Yo soy cristiano. No puedo orar como un hindú, pues no lo soy. No me pidan que le ore a Mahoma, pues no soy musulmán. Yo soy cristiano, eso es lo que soy. Creo en el hombre más grande que ha existido jamás, Jesucristo, un judío.

La segunda oración a la que se refería Dershowitz era, obviamente, la bendición de Kirbyjon Caldwell, que también concluyó invocando el Nombre de Jesús. Kirbyjon afirmó en *USA Today*: «Habría actuado falsamente si no hubiera orado en el nombre de Jesús».[4]

¡Amén, Kirbyjon!

Alan Dershowitz debería recordar que esta nación se fundó sobre una base cristiana. Patrick Henry declaró en una ocasión: «Nunca se podrá insistir lo bastante en que esta nación no fue fundada por religiosos, sino por cristianos; ni sobre una religión, sino sobre el evangelio de Jesucristo. Y por esto mismo se le ha ofrecido asilo, prosperidad y libertad de culto a pueblos de otras creencias».[5]

Me pareció indignante la crítica de Dershowitz. Yo no había excluido con mi oración a millones de norteamericanos. Me habría gustado preguntarle al señor Dershowitz: «Ya que soy un ministro del evangelio de Jesucristo, a la hora de expresar mi libertad religiosa, ¿cómo se supone que debo orar? ¿Y quién tiene derecho a decirme lo que debo orar? Por ser ciudadano de los Estados Unidos tengo libertad de expresión y de culto. En mi oración no le pedí ni exigí a nadie que estuviera de acuerdo conmigo. Ni sugerí que la ceremonia de investidura no siguiera adelante hasta que todos los presentes se acercaran a orar para recibir a Cristo. Lo único que hice es lo que siempre hago: orar en su Nombre».

Otros le hicieron eco a Dershowitz. Barry Lynn, presidente de *Americans United for the Separation of Church and State* [Unión para la Separación de Iglesia y Estado] afirmó que las dos oraciones de la investidura fueron «inapropiadas e insensibles». Un artículo del *New Republic* describía la oración de Kirbyjon y la mía como «demoledores golpes cristológicos» que «apartan a millones de norteamericanos de sus propios credos».[6]

Pero no me faltaron defensores. Recibí cientos de cartas entusiastas de muchas personas, y muchos periodistas me ofrecieron apoyo. Jeff Jacoby, columnista del *Boston Globe*, escribió:

Les guste o no, los judíos americanos (igual que los musulmanes, los budistas, los hindúes y los ateos americanos) son diferentes de sus vecinos.

Este país fue fundado por cristianos y levantado sobre principios cristianos generales. ¿Les parece algo amenazador? Todo lo contrario: Precisamente en este país cristiano es donde los judíos han gozado de la existencia más pacífica, próspera y exitosa de toda su larga historia.

En los Estados Unidos una persona que no sea cristiana no tiene que responder «Amén» a una oración explícitamente cristiana. En esta sociedad los miembros de minorías religiosas viven y practican su fe sin temores, seguros por la hospitalidad y la libertad que América le ofrece a todas las religiones.

Ningún americano debería tratar de suprimir las oraciones de otros. «Jesús» no debería ser una palabra prohibida en este país. Ni siquiera en una investidura presidencial».[7]

En una carta insertada en el *Jewish Press* se afirmaba:

Sin lugar a dudas, una oración ofende a un ateo, pero ser indulgentes con tal falta de sensibilidad le daría al no creyente un poder de veto sobre la libertad de expresión del creyente ... Lo que yo esperaría de un ministro cristiano que realmente está convencido de su fe es ofrecer una oración fundada en esta fe.[8]

Las opiniones expresadas por algunos de los que reaccionaron negativamente deberían servirles de advertencia a los seguidores de Cristo en los Estados Unidos. Por ejemplo, un estudiante de la Universidad de Kent State escribió: «Graham nos animó a reconocer sólo a su Dios como nuestro Señor, Salvador y Redentor».[9] Este chico tiene toda la razón. Animo a todo el mundo a reconocer al único Dios verdadero, y a su Hijo, y sólo a Él.

No estoy de acuerdo con la idea de que todos los líderes religiosos deberían verse obligados a orar «de forma correcta políticamente». Permitirle a alguien orar de la misma forma que suele hacerlo no es ignorar a las otras religiones. Piense en esto: ¿Si un ateo fuera invitado a hacer la invocación en una investidura (ojalá que no), esperaríamos que orara en el nombre de Jesús o de algún otro dios?

Creo que la respuesta a las oraciones de la investidura no es más que otra evidencia de una tendencia inquietante en la vida pública norteamericana: Los cristianos que usan el Nombre de Jesús e insisten en que Él es «el único camino a Dios» son considerados por muchos de los medios de comunicación liberales como fanáticos religiosos de mente estrecha, que representan una amenaza para el resto de la sociedad.

Los norteamericanos parecen ser muy religiosos según las encuestas. Pero esa tendencia religiosa choca contra otro valor de nuestra sociedad, que puede triunfar sobre todos los demás: la tolerancia. En nuestra búsqueda de la autonomía personal hacemos un trato: «Yo no me meto con tus creencias ni con tu comportamiento si tú haces lo mismo conmigo». ¿Esto también se aplica ahora a los asuntos espirituales? Un abogado muy elocuente de la fe cristiana, Ravi Zacharias, afirmó lo siguiente en su libro *Jesus Among Other Gods* [Jesús entre otros dioses]:

> Vivimos en una época en que se alzan voces airadas exigiendo insistentemente que no propaguemos el evangelio, que no deberíamos considerar «perdido» a nadie sólo por el hecho de que no sea cristiano. «Todos nacemos con diferentes creencias, y se nos debería dejar en paz con ellas», esa es la «sabiduría» tolerante de nuestra época ... Cuando la gente dice tales cosas olvida, o ignora, que nadie nace cristiano. Todos los cristianos lo son por virtud de una conversión. Pedirle a un cristiano que no trate de alcanzar a otros de otras creencias es pedirle a ese cristiano que reniegue de su propia fe.[10]

Toda esta discusión no tendría ningún sentido si Jesús fuera sólo otro «gran maestro». Pero ¿qué pasaría si eso no fuera todo? Él es quien afirmó: «Yo soy el camino, y la verdad, y la vida; nadie viene al Padre, sino por mí».[11] Los seguidores fieles de Jesús no inventan ideas personales sobre estos temas, sino que representan con fidelidad las palabras de su Maestro. Pero esto cada vez se considera más sospechoso e incluso subversivo en los Estados Unidos.

La mayoría de los «temas candentes» de nuestros días se apagan rápidamente. Ese fue el caso de las oraciones de la investidura. Los medios de comunicación no le dedicaron mucho tiempo, pero por lo menos durante varios días a principios del 2001, el Nombre de Jesús se oyó en un discurso público sin que se usara como palabra para maldecir.

Tuvimos que esperar muchos meses hasta la valiente reaparición del Nombre, hasta una estremecedora mañana de un martes de septiembre.

4

GUERRA

Ni tú ni yo lo olvidaremos nunca.

El día que los estadounidenses perdieron la inocencia en cuanto a creer ser un país invicto, yo había estado viendo las noticias matutinas, y estaba a punto de salir para la oficina. El martes 11 de septiembre de 2001 se presentaba como un típico día con mucho que hacer.

Entonces sonó el teléfono.

—¿Has visto lo que acaba de pasar? —me preguntó una amiga.

Obviamente, no lo había visto.

—Unos aviones se han estrellado contra el Centro de Comercio Mundial —me dijo.

Antes de que pudiera asimilar lo que estaba oyendo, me preguntó:

—¿Edward tendrá que ir a la guerra?

Nuestro hijo Edward es cadete en West Point. Inmediatamente encendí la televisión. Al ver los acontecimientos en la pantalla no me cupo duda de que los Estados Unidos tendrían que ir a la guerra. Una hora o dos después del ataque las torres se desplomaron.

Igual que la mayoría de los norteamericanos, me pasé el resto del día pegado a la televisión, viendo las imágenes, una y otra vez, de dos aviones de pasajeros que se perdían en las torres del Centro de Comercio Mundial. También vi la nube de humo que salía del Pentágono, y me pregunté: *¿Qué será lo siguiente? ¿Habrá más ataques antes de que acabe el día?*

El alcance de la devastación fue mayor que la pérdida de Pearl Harbor. Yo sabía que poco después la nación entraría en guerra contra el mal. No para vengarnos, sino para defender nuestra forma de vida. Durante mucho tiempo los norteamericanos nos hemos creído inmunes, mientras que Francia, Israel, Sudáfrica, Rusia, Bosnia y Gran Bretaña han sufrido el terrorismo. Ahora eran nuestras orillas el blanco de un ataque, en un intento de destruir el corazón de todo lo que representa nuestro país: libertad económica, personal y sobre todo religiosa.

Teniendo en cuenta que al parecer nuestros adversarios eran individuos que representaban al islam, sabía que una guerra impulsada por pasiones religiosas no sería tan rápida y tan directa como la Guerra del Golfo. Estaba claro que este cobarde ataque ocultaba grandes implicaciones espirituales, que nuestra nación tardaría meses, o años, en comprender. En realidad esta guerra era una batalla más de las muchas que ha habido a lo largo de la historia relacionadas con el Nombre de Jesucristo.

Mientras transcurría aquella inolvidable semana se corrió la voz de que el viernes de dicha semana se celebraría en Washington, D.C., un culto nacional de oración para honrar a las víctimas y pedirle misericordia a Dios. El miércoles 12 de septiembre llamaron a mi padre de la Casa Blanca, y le pidieron que le ofreciera a la nación un mensaje de aliento desde la Catedral Nacional de Washington. Sabía que él era el hombre que Dios tenía para ese momento. Mucha gente lo consideraba el «pastor de los Estados Unidos», y pensaba que podría traer consuelo para nuestra nación en crisis.

Al día siguiente, el presidente Bush anunció que el viernes sería un «día nacional de oración y recordación».

Esa misma tarde una productora de la CNN llamó para preguntar si yo podría servir de comentarista para su cobertura en directo del culto de oración. ¡La cosa se ponía interesante!

Mi asistente le preguntó a la productora si ella sabía que Billy Graham iba a hablar en aquel culto. La Casa Blanca todavía no había comunicado la lista oficial de todos los que iban a participar, así que esta dama no sabía que mi padre iba a hablar en dicho culto. Al enterarse se echó a llorar. Se le suavizó el corazón al pensar que mi padre iba a dar un mensaje de consuelo y de esperanza, y que el hijo estaría comentando el evento. Acepté la invitación de aparecer en la cobertura mundial del culto de oración de la CNN.

En momentos de crisis inesperadas, el miedo y la incertidumbre le hacen sombra a la esperanza. Cuando una nación entra en crisis, todo el mundo se afecta. La historia bíblica es un ejemplo de que la tragedia tiene un propósito mayor, que a veces se puede ver inmediatamente. Daniel, el profeta hebreo, afirmó que el Altísimo tiene dominio en el reino de los hombres y lo da a quien quiere.[1] Mi esperanza como ministro del evangelio era poder usar esa plataforma como comentarista para llevar esperanza y consuelo en el Nombre de Dios, porque Él es el «Dios de toda consolación».[2]

Hay muchas ocasiones en las que conviene saber pilotear aviones, y el 13 de septiembre de 2001 fue una de ellas. La mayoría de las líneas aéreas comerciales estaban en tierra, y también los aviones privados. Recibí un permiso especial del Ministerio de Transporte y de la Oficina Federal de Aviación Civil (todo organizado por la Casa Blanca) para pilotear el avión de *Samaritan´s Purse* hasta Washington, D.C.

Aquel vuelo, en el cielo vacío, fue el más impresionante de toda mi vida. Entre Carolina del Norte y el área de D.C. no vi ningún otro avión ni escuché ninguna transmisión de radio de ningún otro piloto. ¡Esto no sucede normalmente en el congestionado espacio aéreo del este de los Estados Unidos! Para mí, eso no hacía más que subrayar la crisis que estábamos enfrentando como nación. Era la primera vez en toda nuestra historia que nuestro espacio aéreo había sido clausurado completamente. Al acercarme al aeropuerto de Dulles vi el Pentágono, bañado en luces, mientras continuaba la operación de rescate. El aeropuerto de Dulles estaba prácticamente desierto, sólo había un avión rodando despacio por una pista.

Aquella noche, en el hotel, me volví a quedar pegado a la pantalla de televisión. En los reportajes sobre la ciudad de Nueva York parecía obvio que ya no se rescataría a nadie con vida de los escombros de las torres gemelas del Centro de Comercio Mundial. Vi las conmovedoras pancartas de cientos de parientes y amigos que caminaban por las calles, con los rostros contraídos por el miedo y el shock, buscando a sus seres queridos. Había muchos, pidiendo ayuda desesperadamente, que llevaban fotos y descripciones de familiares y amigos.

Nuestro ministerio, *Samaritan´s Purse*, es una organización para evangelismo, ayuda y desarrollo, la cual reacciona rápidamente ante desastres y tragedias en todo el mundo en el nombre de Jesucristo. En muchas ocasiones nuestros primeros esfuerzos van encaminados a proporcionar asistencia médica, alimento y refugio, siempre compartiendo la esperanza que tenemos en Cristo. La situación de Nueva York era diferente al hambre, las inundaciones, los huracanes, las guerras civiles y otras catástrofes que vemos con frecuencia. Aunque teníamos preparados a una serie de voluntarios, médicos, enfermeras, y a un servicio de emergencia, y los hospitales estaban en alerta, pocas víctimas fueron rescatadas con tiempo suficiente para salvarles la vida. Tampoco se necesitaban otros servicios de los que proporciona nuestro equipo de emergencias para las catástrofes. En vez de casas o ciudades en ruinas, lo que teníamos ante nosotros eran los edificios más altos de Nueva

York convertidos en un gran montón en el suelo. Para limpiar todos estos escombros hacía falta un equipo especial, del que nosotros carecíamos.

Nueva York también necesitaba otro tipo de ayuda. Me sentí conmovido al ver a neoyorquinos de diferentes razas y trasfondos tratando de ayudarse unos a otros. Al ver rostros desesperados, gente alzando pancartas, corriendo de un hospital a otro buscando frenéticamente a sus seres queridos, el Señor me puso una idea en el corazón. Quizás lo que los neoyorquinos necesitaban con más urgencia era ayuda espiritual.

Llamé inmediatamente a nuestro director de proyectos del *Samaritan´s Purse*. Estudiamos juntos los pros y los contras de varias opciones.

—Esto no es lo mismo que una inundación o un terremoto —le dije—. Quiero que vayas a Nueva York y busques un edificio para abrir un centro de oración, un sitio al que puedan ir esas familias heridas y todo el que quiera para obtener ayuda espiritual, para recibir alguna esperanza. Vamos a buscar a pastores y a obreros cristianos, y a enviarlos por equipos a la ciudad. Pueden caminar por las calles, hablar con la gente y ofrecerse a orar con ellos allí mismo.

—Me voy a ocupar de eso inmediatamente —me respondió.

Aunque tengo mucha experiencia a la hora de salvar obstáculos en situaciones «imposibles», sabía que esta vez se trataba de un desafío especial. Poco después me informó que se iba a abrir un centro de oración en el mismo corazón de Manhattan.

UN CULTO MEMORABLE

El 14 de septiembre a las 10 de la mañana llegué a la majestuosa catedral de Washington, D.C. El clima era terrible, una llovizna continua se escapaba de un cielo bajo y gris. La penumbra y la humedad concordaban con el estado de ánimo de la nación. La reportera asignada por la CNN era su corresponsal en Washington, Judy Woodruff. Ella y yo nos íbamos a situar en el «plató» exterior de la CNN, delante de los escalones de la catedral. El espacio asignado para la prensa estaba abarrotado de representantes de todas las grandes agencias de noticias del mundo. Me sentí muy satisfecho de que nuestro presidente hubiera convocado ese culto histórico. En aquella hora nuestra nación necesitaba buscar el rostro de Dios. Todos los televidentes iban a ver a los Estados Unidos buscando a Dios por medio de la oración, pidiéndole misericordia y consuelo durante esta crisis. Esto sería un gran testimonio para todo el mundo.

La cobertura de la CNN comenzó a las 11 de la mañana. Poco después, una corte de políticos y dignatarios comenzó a entrar en la catedral. Judy y yo veíamos a los invitados por un monitor muy pequeño. Nos llegaban salpicaduras de lluvia cada vez que una ráfaga de aire se colaba por los laterales de nuestro refugio temporal.

Entre los reportajes de lo que estaba sucediendo en la catedral, cuando el país y el mundo se detuvieron para orar por las familias y las víctimas de esta tragedia, Judy me preguntó que cuál debería ser la «respuesta cristiana» ante estos actos terroristas. Mi deseo es siempre hacer hincapié en el evangelio, la única esperanza para el mundo, instando a los televidentes a no caer en la amargura ante la vista de tal maldad.

Traje a colación la historia del Rey David, del Antiguo Testamento, quien luchó enérgicamente contra los enemigos de Dios. Era conveniente y necesario que los Estados Unidos se defendieran y usaran su fuerza para derrotar a los enemigos de nuestra nación. Me sentí conmovido ante el privilegio que Dios me dio, poder ofrecer una perspectiva bíblica en directo para la televisión de todo el mundo.

Por otra parte, nosotros, individualmente, no podíamos

permitir que se nos endureciera el corazón. Les recordé a los que me escuchaban que mucha gente del mundo árabe y musulmán se sentía afectada por la tragedia, y no estaba de acuerdo en absoluto con las retorcidas ideas de los perpetradores, islamitas radicales.

Mientras Judy y yo comentábamos los hechos de la semana, los dignatarios seguían llegando, en una limusina detrás de otra. En los rostros había tristeza, pero también resolución. Se veían emblemas pequeños de color azul, rojo y blanco, para conmemorar la pérdida.

Judy Woodruff comentó: «En momentos así todos queremos creer que existe alguien que nos puede traer salvación». Qué gran verdad. Se refiere a la necesidad de refugio que todos tenemos en tiempos de prueba. Yo respondí con el evangelio, y la esperanza que tenemos en Jesucristo.

Respondiendo a más preguntas de esta reportera le confesé que tampoco entendía completamente por qué Dios permitía tales masacres. Basándonos en lo que escribió Pablo en la segunda carta a los tesalonicenses, sabemos que «ya está en acción el misterio de la iniquidad».[3]

El diablo tiene poder en la tierra, pero limitado. No es omnipresente ni omnisciente, pero tiene autoridad sobre muchos demonios. La Biblia nos dice que Satanás quiere devorar y destruir. Muchas veces, a la hora de la tragedia, la gente se pregunta: «¿Por qué permitió esto Dios?» Dios nunca se propuso que el hombre viviera en la tierra con el pecado y las consecuencias de éste, pero a causa de la desobediencia del hombre llegó el pecado al mundo.

Vivimos en un mundo lleno de mal y contaminado por el pecado. Aunque las tragedias nos conmueven, estos hechos tan atroces y despreciables no deberían sorprendernos tanto. Sin el poder redentor de Dios, el corazón humano es un semillero de tretas y deseos pecaminosos. Jesús dijo una vez: «El hombre bueno, del buen tesoro del corazón saca buenas cosas; y el hombre malo, del mal tesoro saca malas cosas».[4]

Los funcionarios de gobierno llegaron a la catedral, así como también los ex presidentes aún vivos y sus esposas (excepto Ronald y Nancy Reagan). Justo cuando el culto estaba apunto de comenzar, dejó de llover. Rayos de luz comenzaron a abrirse paso en el cielo, como un signo de esperanza después de una lúgubre semana de horror y de muerte. Detrás de las nubes el cielo era azul y brillante. El brillo de la esperanza de Dios siempre está presente; no tenemos más que mirar para descubrirlo.

A las doce, la hora de comienzo del culto, las campanas de las iglesias repicaron por todo el país, y también en muchas otras naciones, mientras muchos se reunían a orar y a recordar a los muertos. En muchas empresas se les permitió a los empleados salir antes de hora del trabajo para ir a reuniones de oración. En una entrevista de la CNN, el antiguo ministro de educación, Bill Bennet, dijo acertadamente: «Oramos hoy; mañana luchamos».[5] Y así fue.

El culto fue excelente, con una buena mezcla de música conmovedora y palabras inspiradoras en las oraciones y en los discursos. Había representantes de varias creencias religiosas, incluyendo al reverendo Kirbyjon Caldwell, que leyó las Escrituras y oró.

Cuando le llegó a mi padre el turno de hablar, aunque necesitó ayuda con los escalones, me sentí muy orgulloso de él cuando se agarró al púlpito. A pesar de sus ochenta y dos años, su voz, fuerte y profunda, llamaba la atención, y los millones de personas que le escuchaban en todo el mundo, en casi todos los países de la tierra, oyeron palabras de consuelo, fundadas en la esperanza que sólo Cristo puede dar. Se ha dicho que este ha sido el único momento de la historia en que el evangelio le fue presentado al mismo tiempo a tanta gente. Como nos enseñan las Escrituras, Dios puede usar para bien las pruebas más difíciles de la vida. Los terroristas arremetieron contra América a causa de su «dios». Trataron de hacer el mal. Pero Dios omnipotente

usó esta tragedia para enviar sanidad y consuelo a todo el
mundo por medio de las buenas nuevas de su Hijo.

Un silencio respetuoso inundó la gran catedral cuando mi
padre comenzó su mensaje, reconociendo a Dios Omnipotente.

Nos hemos reunido hoy aquí para confesar nuestra
necesidad de Dios. Siempre hemos necesitado a Dios desde
el principio de esta nación, pero hoy lo necesitamos de una
forma especial. Estamos envueltos en una guerra diferente,
y necesitamos la ayuda del Espíritu de Dios ... Pero no
entendemos por qué ha sucedido esto. ¿Por qué permite Dios
el mal? En primer lugar, tenemos que recordar el misterio y
la realidad del mal ... Tengo que reconocer que no sé la
respuesta. Tengo que aceptar, por fe, que Dios es soberano,
y que es un Dios de amor, misericordia y compasión en
medio del dolor. La Biblia dice que Dios no es el autor del
mal.

Aquí, en esta majestuosa Catedral Nacional vemos a
nuestro alrededor el símbolo de la cruz. Para el cristiano, la
cruz significa que Dios comprende nuestro pecado y nuestro
sufrimiento, porque los cargó sobre sí mismo en la persona
de Jesucristo. Desde la cruz Dios declaró su amor por
nosotros. Conoce el dolor y la tristeza por la que estamos
pasando ahora.

Pero la historia no termina con la cruz, ya que la Pascua
hace que pongamos los ojos más allá de la tragedia de la
cruz, hace que nos fijemos en la tumba vacía. Nos dice que
hay esperanza en una vida eterna, porque Cristo ha vencido
el mal, la muerte y el infierno.

Esta semana nos sentimos horrorizados al ver a los
aviones estrellarse contra el acero y el vidrio del Centro de
Comercio Mundial. Esas torres majestuosas, construidas
sobre sólidos cimientos, eran ejemplos de prosperidad y
creatividad. Al sufrir este daño, esos edificios se
desplomaron. Pero debajo de los escombros existe una base
que no ha sido destruida ... Sí, nuestra nación ha sido
atacada, los edificios han sido destruidos, se han perdido

vidas. Ahora tenemos que elegir: implosionar y venirnos abajo emocional y espiritualmente como pueblo y como nación, o salir más fortalecidos de esta tragedia, ser reconstruidos sobre bases sólidas.

Cuando mi padre terminó el mensaje, los asistentes al acto se pusieron en pie para aplaudir al hombre y al mensaje que había pregonado con tanta fidelidad durante medio siglo. Judy y yo lo vimos desde afuera, y ella me dijo: «¡Están aplaudiendo a tu padre!» Más tarde me dijo que el mensaje la había conmovido mucho. Cuando el presidente Bush se dirigió al púlpito, todos escucharon expectantes el que sería uno de los mejores mensajes dado por un presidente en los tiempos modernos. El presidente dijo: «Esta nación es pacífica, pero se enfurece si la provocan. Este conflicto comenzó en un momento y de una forma decidida por otros. Terminará cuando y cómo decidamos nosotros».

Aprecié mucho las continuas referencias a Dios que hizo Bush, así como a la necesidad que teníamos de confiar en Él como nación. Resultó muy refrescante ver a nuestro presidente, líder del mundo libre, guiándonos a orar.

El presidente Bush declaró apasionadamente: «Nuestra responsabilidad histórica ya está clara, responder a esos ataques y librar al mundo del mal».

Qué esfuerzo tan noble. Pero, por supuesto, el mal no va a desaparecer aunque veamos el fin de la influencia de Osama bin Laden, y a todos los miembros de Al Qaeda entre rejas. El hundimiento de los talibanes de Afganistán no derribará el mal en dicho país. Incluso si cayeran todos los gobiernos malvados y sus líderes, el mal seguiría existiendo, ya que nace en el corazón humano.

La batalla que los Estados Unidos está librando contra el terrorismo no es más que una escaramuza en una guerra que comenzó cuando Satanás se volvió contra Dios y se declaró independiente. Dios envió a su Hijo a esta tierra en el último comando de asalto. Como dijo mi padre en su mensaje, Jesús ganó la batalla por nosotros en la cruz. El apóstol Juan escribió:

«El que practica el pecado es del diablo; porque el diablo peca desde el principio. Para esto apareció el Hijo de Dios, para deshacer las obras del diablo».[6] En la cruz Dios le asestó a Satanás un golpe mortal, pero las operaciones «de limpieza» van a continuar hasta que Él regrese.

Al terminar el culto de oración, bajo el calor del sol recién llegado, me puse rumbo al Aeropuerto Internacional de Dulles, subí al avión y regresé a casa. Definitivamente, no era el momento de permanecer por más tiempo en la capital del país, una ciudad que parecía estar asediada, con las tropas de la Guardia Nacional patrullando las calles. Washington todavía estaba en la mira de fuerzas hostiles. ¿Estarían planeando más ataques los terroristas? Me alegré mucho cuando puse rumbo al sur. Las montañas Blue Ridge parecían un refugio ante los vendavales de la tormenta nacional.

EL EVANGELIO TRIUNFA EN CASA Y FUERA DE ELLA

Una vez más, *Samaritan's Purse* hizo un trabajo impecable. Esta vez coordinamos esfuerzos con la Asociación Evangelística Billy Graham, y la semana siguiente abrimos en Manhattan el «Centro de oración Billy Graham». No tuvimos muchas dificultades para conseguir un sitio, pero nos enfrentamos a problemas técnicos mayores cuando la compañía telefónica se enteró de que queríamos muchas líneas. El agente casi se echa a reír. Debido al caos reinante en la ciudad, él calculaba que tardarían unos seis meses en hacer el trabajo.

Mi director del proyecto no aceptó la negativa, y comenzó a explicar el propósito del centro. Pero no fue hasta que mencionó el nombre de mi padre que el agente cambió de respuesta. Cuando el nombre «Billy Graham» se mencionó, le aseguró a mi director que harían todo lo posible. Al día siguiente estaban instaladas las líneas telefónicas y nosotros ya estábamos oficialmente funcionando. Un nombre puede asegurar a menudo lo que no pueden la influencia política o el dinero.

¿Que fue lo que hizo que el hombre de la compañía telefónica cambiara su tiempo calculado de seis meses a «inmediatamente»? Al parecer fue el nombre de mi padre lo que abrió el camino. Años de ministerio fiel y de integridad inquebrántable al representar el Nombre de Jesucristo le han otorgado a mi padre el respeto tanto de creyentes como de no creyentes. Seguro que eso contribuyó a abrir puertas en la ciudad de Nueva York, ya que poco después los equipos de nuestro ministerio estaban en las calles, buscando personas necesitadas, ofreciéndose a orar con ellas. Algunos de los que llamaron a nuestra línea de atención permanente hablaron durante varias horas. La gente estaba hambrienta espiritualmente, y pedía ayuda a gritos.

Nos llegaron noticias de otros países, donde algunos amigos habían sido testigos de reacciones interesantes ante el mensaje de mi padre en la catedral. Una de ellas llegó de un norteamericano que se encontraba al otro lado del mundo, en Malasia. El único sitio donde se podía ver la CNN era un bar, así que para estar al tanto de los acontecimientos, allí es a donde fue a parar. Reproduzco aquí un extracto de su mensaje:

Aunque no he podido seguir todas las noticias concernientes a los sucesos en los Estados Unidos, encontré una cantina o bar a la vuelta de mi hotel, donde se podía ver la CNN ... Hace dos noches, me encontraba sentado en un taburete junto a la barra, viendo el servicio nacional de oración desde la catedral de Washington. Los clientes chinos e indios que estaban a mi alrededor habían bebido un poco más de la cuenta, así que estaban hablando bastante alto... con lo que casi no se oía la televisión. Pero de repente sucedió algo asombroso. Cuando ayudaron a Billy Graham a subir los escalones para llegar al podio, todos los que estaban en el bar se quedaron en silencio. Todos los budistas, hindúes y musulmanes que había en ese bar se quedaron como hechizados, oyendo el evangelio. Nunca había relacionado los bares con la presencia del Espíritu de Dios, pero en aquel pequeño bar de Klang, en Malasia, su presencia se sintió tan fuertemente que los ojos se me llenaron de lágrimas.

Cuando cantaron el Padrenuestro, la cámara de televisión enfocó una cruz. Ahí estaba Jesús, para que todo el mundo lo viera. También nosotros, los que estábamos en ese bar de Klang, en Malasia, fuimos testigos de cómo era exaltado Cristo. Mi oración ahora es que toda la gente sea atraída hacia Él.[7]

También oímos muchos testimonios sobre el impacto que el culto de oración había tenido en los neoyorquinos. Durante la primera semana de octubre fui a la ciudad de Nueva York, y uno de los tenientes de alcalde, Rudy Washington, se pasó varias horas mostrándome la Zona Cero y los barrios de alrededor. Aunque ya habían pasado tres semanas desde el ataque, la vista y los olores de la devastación eran abrumadores. Casi toda la gente con la que hablé aún estaba aturdida. He sido testigo de la destrucción y la devastación en Oriente Medio y en África, pero no recuerdo haber visto antes en los ojos de los estadounidenses un shock y un hambre espiritual tan grandes.

Aunque los Estados Unidos fueron atacados el 11 de septiembre por terroristas que actuaban por su cuenta, ellos sólo son peones en un tablero de ajedrez tan grande como todo el universo, y tan antiguo como toda la historia. Nuestra nación está llena de problemas y necesita realmente arrepentirse del pecado. Aunque somos un ejemplo imperfecto, los Estados Unidos son la esencia del símbolo de la libertad adquirida en la cruz con la preciosa sangre de Jesucristo, la libertad de hombres y mujeres de elegir, amar y seguir al Salvador de sus almas, de aliarse con el Nombre.

Debemos ser conscientes de que lo que subyace es una guerra mucho mayor que los ataques terroristas. Se trata de una guerra que transciende la política y la religión. La batalla real que se está librando hoy es entre el bien y el mal, entre Dios y Satanás. En todas las culturas, en todos los países, en todos los estados, ciudades y comunidades, y, al fin y al cabo, en todos los corazones se levanta una guerra.

Se trata de una verdadera «guerra santa»... por el Nombre.

5

¿DÓNDE ESTÁ LA TOLERANCIA?

La tolerancia se ha convertido en el nuevo lema de nuestra época. Se considera casi como la mayor virtud de la cultura occidental, ya que acerca a individuos de diferentes trasfondos e ideologías para promover la unidad cultural. ¿Y por qué no? ¿Acaso no suena bien? La verdad es que suena tan bien que cualquiera que se atreviese a hablar negativamente sobre este sagrado código de la civilización sería considerado casi inmoral. Pero esa es precisamente la cuestión. Los medios de comunicación y los burócratas del gobierno nos dicen que seamos tolerantes con todo menos con el evangelio de salvación, todo en nombre de la corrección política. Parece casi una ironía que los cristianos no sean tolerados en una sociedad tan «tolerante».

Así que reconozco que me frustro y me pongo un poco a la defensiva cuando me enfrento a la intolerancia hacia el Nombre de Jesucristo. En estos días, en la sociedad occidental toda opinión, religión o comportamiento está prácticamente exento de crítica en nombre de la «tolerancia». Resulta «políticamente incorrecto» cualquier otra cosa que no sea respetar con reverencia todo tipo de ideas por disparatadas que sean. Y todo se hace en nombre de la «tolerancia».

Pero esa tolerancia no es universal. Una de las pocas lagunas en la «ley de la tolerancia» involucra a los seguidores del Nombre de Jesucristo. Si eres un cristiano nacido de nuevo no esperes ser tan tolerado como otros; el campo de juego no está nivelado en lo referente a otras creencias. Hace ya décadas que los cristianos tienen que luchar para conseguir cosas como orar en foros públicos e instalar escenas navideñas en lugares públicos. Incluso la palabra Navidad se ha visto alterada en eufemismos como «Season´s Greetings» [Saludos por la temporada] y «Happy Holidays» [Felices fiestas]. Pero esa agresiva oposición a la inserción de la fe cristiana en los escenarios seculares no se ha llevado a cabo contra otras religiones.

Ha modo de ilustración: Desde los ataques del 11 de septiembre, en los Estados Unidos ha habido un interés creciente por el islam. Por ejemplo, un colegio de California llegó hasta el punto de exigirles a los alumnos de séptimo grado que se aprendieran los cinco pilares del islam, estudiaran a personas importantes de la historia de la religión, aprendieran versículos del Corán, oraran «en el nombre de Alá, el Compasivo, el Misericordioso», y que cantaran «Alabanzas a Alá, Señor de la creación».[1]

¿Se imaginan ustedes la cantidad de pleitos que se presentarían si algún profesor les mandara a los alumnos a memorizar los versículos de la Biblia, recitar el Padrenuestro u orar en el Nombre de Jesús? Los profesores que permitieran esto serían despedidos, y el colegio denunciado.

Josh McDowell, que trabaja con jóvenes, comenta así esta tendencia:

> ¿Qué pasa cuando a tu hijo le enseñan que sus creencias y valores son iguales que los de un budista, o un homosexual, o alguien que mantiene relaciones sexuales prematrimoniales? Esa es la tolerancia de hoy. Y se trata de la virtud número uno de los Estados Unidos, sobre todo entre los jóvenes. A

nuestros hijos se les enseña que toda verdad es relativa, y que depende de cada persona. No es necesario saber distinguir entre el bien y el mal. Decir que algo está bien o mal es no ser tolerante. Dios nunca nos dice en la Biblia que seamos tolerantes. Nuestros hijos no están llamados a ser tolerantes. A lo que se nos llama es a actuar con justicia y amor.[2]

Los cristianos son cada vez menos tolerados ¡porque se les considera intolerantes! Estoy totalmente de acuerdo con mi amigo apologista cristiano Ravi Zacharias, que en su libro *Jesus Among Other Gods* [Jesús entre otros dioses] afirmó:

Estamos viviendo en una época en la que la sensibilidad está a flor de piel, y que muchas veces se ventila con palabras cortantes. Filosóficamente se puede practicar todo, siempre y cuando uno no afirme que es un camino «mejor». Religiosamente, uno puede agarrarse de cualquier cosa, siempre y cuando no se mencione a Jesucristo. Si una idea espiritual es de procedencia oriental, tiene garantizada la inmunidad de la crítica, pero si es occidental, es criticada a conciencia ... Todas las religiones, dicho clara y simplemente, no pueden ser verdad ... No sirve de nada poner un halo en la noción de tolerancia, como si todo pudiera ser igualmente cierto.[3]

En el pasado, la «tolerancia» en materias de fe era un reconocimiento respetuoso de ideas diferentes. No significaba que a todas esas ideas se les otorgara la misma validez y se consideraran igualmente ciertas. Me gustaría saber por qué otras religiones pueden promover su teología en foros públicos. Incluso nuestro gobierno parece inclinarse hacia atrás para escucharlas. Pero en nuestros días si usted menciona el Nombre de Jesús o pretende discutir públicamente las ideas cristianas, corre el riesgo de ser catalogado con el término creado por los medios de comunicación «el derecho religioso» y que le consideren una amenaza peligrosa para la doctrina de la separación de la iglesia y el estado.

«Enfoque a la familia» hizo una investigación a fondo sobre este tema de la separación «iglesia y estado». En su revista *Citizien* explicaron lo siguiente:

Un estudio realizado por el FBI muestra que la opinión de Thomas Jefferson sobre la iglesia y el estado no es la que hemos oído. Nada más lejos de eso. Cuando Thomas Jefferson escribió su famosa frase: «un muro de separación entre Iglesia y Estado» en una carta datada el 1 de enero de 1802 dirigida a la Asociación Bautista Danbury, en Conneticut, ¿se imaginaba que sería algo memorable?

Tal vez.

En 1998, un análisis de laboratorio del FBI mostró que Jefferson trabajó en aquel pasaje de la carta, quizás mimado por su impacto político. Pero ¿se imaginaría nuestro tercer presidente que sus palabras llegarían a expulsar la religión de la plaza pública?

No.

El borrador inicial de Jefferson revela que él simplemente pensaba que el gobierno federal carecía de autoridad legal en materia de religión.

Así que, ¿quién nos puso el muro de separación, que convertía en inconstitucionales las oraciones en graduaciones y parques públicos? El responsable del muro no fue Thomas Jefferson, sino el juez del Tribunal Supremo, Hugo Black, nombrado por Franklin Roosevelt en 1937, y que se mantuvo en su cargo hasta que murió en 1971. En las leyes que ayudó a escribir, Black usó el vocabulario de Jefferson, pero no el significado de Jefferson.

Las enseñanzas separatistas de Black se hicieron cada vez más agresivas, trayendo como resultado normas que ordenaron suprimir la instrucción religiosa, la oración y la lectura de la Biblia en los colegios públicos, y prohibir las oraciones en las graduaciones y el colgar en las paredes los Diez Mandamientos.[4]

Otros escritores han comentado también las intenciones de Jefferson

> Uno de sus mayores logros [de Thomas Jefferson] fue el pasaje del Estatuto de Libertad Religiosa de Virginia, aprobado en 1786, después de un largo y acalorado debate. Esta ley creó la base de la garantía constitucional de libertad religiosa, como se ve en la Primera Enmienda a la Constitución ... El deseo de Jefferson se había convertido en una ley: «Un acto para establecer libertad religiosa ... que todos los hombres sean libres de profesar y mantener su opinión en materia de religión, y que ésta no disminuya, aumente o afecte sus capacidades civiles».[5]

La dolorosa ironía es que precisamente fueron nuestras raíces cristianas las que crearon en los Estados Unidos un ambiente que apoyaba la libertad de pensamiento y de acción, que han resultado en tolerancia, tal y como se entiende ahora. Opinen lo que opinen sobre los cristianos los agitadores y los medios de comunicación, la única verdad es que la misma libertad de que ellos gozan para expresar su opinión es resultado de la herencia cristiana de esta nación. Nuestro sistema democrático no surgió de las tradiciones hindú, budista o musulmana. La Biblia (y no el Corán, los Vedas, los Trípticos u otros libros llamados santos) es la fuente de la filosofía de nuestra nación en cuanto al valor de la humanidad, la forma de gobierno y el modo de tratarnos unos a otros. Hoy día sigue habiendo hombres y mujeres que dan la vida para preservar nuestra libertad, basada en la Biblia.

Varios meses después de los atentados del 11 de septiembre, me reuní con Shannon Spann, la joven viuda de Mike Spann, el agente de la CIA que fue el primer estadounidense en morir por acciones hostiles en Afganistán. Shannon me dijo que tanto ella como su marido eran creyentes en Cristo, y que Mike fue al frente de batalla, y al fin y al cabo dio su vida por su patria, por estar convencido de que hay que proteger la libertad que ofrecen los Estados Unidos de proclamar la fe de cada uno. Su valor, y el de otros como él, es diferente a la evasiva idea de tolerancia de la que tanto se habla en estos días.

Pero la industria del ocio en su programación presenta a los ministros y a los cristianos como pervertidos sexuales, ladrones, asesinos, estafadores, borrachos, e individuos moralmente débiles, que raramente adoptan una postura ante algo, y anodinos en doctrinas de fe. ¿Hay ministros que son culpables de estas cosas? Sí, pero también hay cientos de miles de ministros que han sido fieles a su llamamiento, que nunca se han visto envueltos en escándalos ni relaciones sórdidas, sino que han servido a sus iglesias y comunidades de forma honorable un año tras otro. ¿Cuándo se menciona a estas personas fieles? ¿Habla de ellos la prensa popular?

Los Estados Unidos están inflados con su falso entendimiento de la tolerancia. Ser tolerante de verdad *no* es considerar que todas las ideas sean iguales, ni comprometer la verdad para mantener la paz y hacer felices a todos. Ser tolerante significa aceptar el hecho de que todas las personas han sido creadas a imagen del Dios Omnipotente y que todos tenemos un alma que va a vivir eternamente. Jesucristo pagó el precio de nuestra salvación eterna al derramar su sangre en la cruz del Calvario por todos los hombres por igual.

En los Estados Unidos muchas veces tomamos como un hecho nuestro sistema constitucional y asumimos que la tolerancia hacia las diferentes religiones se lleva a cabo en todas partes. ¡De ningún modo! No me cabe duda de que estoy muy al tanto de este tema porque he visto de primera mano cómo es la vida en otros países donde el punto de vista dominante no está fundado y basado en la Santa Biblia.

UNA EXPERIENCIA PERSONAL

El mayor acto de tolerancia en toda la historia humana fue la muerte y la resurrección del Hijo de Dios, Jesucristo. No fue algo exclusivo para una clase o raza, sino para todos.

Por esa razón en *Samaritan´s Purse* nos comprometemos a expresar la tolerancia de Dios, que se muestra por medio de su amor incondicional, su gracia y misericordia a algunas de las personas que más sufren en la tierra.

Desde principios de 1990 hemos trabajado para ayudar a mitigar el dolor y el sufrimiento de los habitantes del sur de Sudán y hemos abierto allí un hospital. Muchos norteamericanos ignoran que desde 1986 el gobierno islámico de esta nación africana ha supervisado la aniquilación de más de dos millones de sudaneses del sur. Mucho antes de que los sucesos del 11 de septiembre conmocionaran el corazón y el alma de nuestra nación, había visto de primera mano cómo expresan su fe algunos seguidores del islam.

A unos cincuenta kilómetros al este de nuestro hospital, en Lui, en el sur de Sudán, se halla la primera línea del frente de guerra. En un lugar llamado Rokon. En Rokon hay un cauce de un río pequeño, salvado por un puente estrecho. Este puente y esta rivera forman el corazón de la primera línea de batalla. La orilla del río y las áreas más bajas de ambos lados están llenas de esqueletos humanos, muchos de ellos todavía con restos de los uniformes y la ropa que llevaban los militares y los civiles de ambos lados del conflicto.

Cuando llegó al poder, este gobierno radical islámico ordenó que todo el país viviera bajo la ley islámica. Millones de sudaneses del sur, donde hay mayoría cristiana, decidieron que no se verían forzados a inclinarse ante el dios del islam ni a vivir bajo sus leyes y mandatos.

Esta valerosa toma de posición, exigiendo libertad religiosa, dio lugar a la que se ha convertido en la guerra civil más sangrienta y larga de África, una guerra que realmente no es de carácter político, sino religioso. Estos valientes cristianos prefieren ser erradicados que ver a sus hijos forzados a ir a colegios islámicos y a someterse a un adoctrinamiento islámico que incluye leer, recitar y memorizar el Corán.

Los estadounidenses deberíamos comprender sus anhelos. Nuestros padres fundadores no llegaron a las orillas de América solamente en busca de libertad política, sino para poder expresar su fe a su manera. Los Estados Unidos se levantaron sobre los principios de hombres y mujeres que estaban dispuestos a morir por tener libertad religiosa. Los padres fundadores, que atracaron en Plymouth Rock, deseaban alabar a Dios sin interferencias del gobierno. De igual forma, los sudaneses del sur no quieren necesariamente fundar su propia nación; quieren ser buenos ciudadanos de su país. Son personas temerosas de Dios que no son musulmanes y no quieren verse forzados a aceptar el islam. Quieren tener libertad, libertad para tener sus propios colegios, libertad para alabar a Dios basándose en las enseñanzas de la Biblia. Vista desde un alcance mayor, se trata de una batalla entre diferentes ideas acerca de cómo debería vivir la humanidad. Se trata del islam contra el cristianismo, el islam contra todos los demás. Este gobierno musulmán permite asimismo la esclavitud. Hoy día en Sudán se siguen vendiendo y comprando africanos negros en los mercados de esclavos en el nombre del islam.

El gobierno islámico de Sudán la ha emprendido intencionadamente contra los cristianos y las minorías de otras confesiones. La «limpieza étnica» ha forzado a millones a abandonar sus hogares y su tierra, huyendo para salvar la vida. La historia de las atrocidades cometidas nos resulta familiar: mujeres violadas, niños, mujeres y hombres raptados por las milicias del gobierno para ser vendidos como esclavos, amputaciones despiadadas, pastores crucificados. Los trabajadores de nuestra organización han visto aldeas incendiadas, cuerpos mutilados, hogares destruidos, y escuelas, iglesias y hospitales en el punto de mira del gobierno.

John Deng James, un muchacho que vivía en una de las aldeas que fue destruida se vio de repente en el charco de la sangre de un tío suyo. Él y muchos otros niños huyeron, caminando durante días, semanas y meses antes de darse cuenta de que nunca regresarían a sus hogares ni volverían a ver a sus familias. Estos muchachos pertenecen a un grupo conocido por las organizaciones benéficas internacionales como «Los niños perdidos de Sudán». Unos veintiséis mil muchachos sudaneses se vieron obligados por la violencia a abandonar sus aldeas a finales de los años 80.

Según el Ministerio de Asuntos Exteriores de los Estados Unidos, a causa de la guerra, el hambre y las enfermedades, en el sur de Sudán han muerto más de dos millones de personas, y cuatro millones más han perdido sus hogares.[6]

Por desgracia, gran parte del mundo ha olvidado totalmente el grito de agonía de los africanos negros del sur de Sudán. Aunque los medios de comunicación de los Estados Unidos no suelen hablar de este conflicto, últimamente hemos oído más sobre Sudán debido a su apoyo del terrorismo internacional. A principios de 1990 fue el país de residencia de Osama bin Laden y otros muchos terroristas internacionales. Quizás recuerde usted que el 20 de agosto de 1998 los Estados Unidos atacaron unas instalaciones de Jartum, conocidas como la fábrica Shifa, por sospechar que se estaban manufacturando componentes de agentes químicos para armas biológicas. Esto fue una acción en represalia por el bombardeo de las embajadas de Estados Unidos en Kenia y Tanzania.

Casualmente yo había estado en Sudán justo antes de ese incidente. *Samaritan´s Purse* había abierto el que se convertiría en el mayor hospital del sur de Sudán, en una zona donde el Ejército de Liberación Popular ha resistido al gobierno islámico. La necesidad de atención médica era tan grande que la gente caminaba más de doscientos kilómetros para recibir tratamiento. También habíamos conseguido llevar al país por vía aérea toneladas de semillas, aves, aperos de labranza y suministros de todo tipo para darle a la gente los recursos necesarios para revertir los resultados de una hambruna consumidora, causada primordialmente por la guerra de agresión del gobierno islámico.

Como las carreteras están minadas y los puentes han sido dinamitados, resulta casi imposible organizar caravanas por tierra con suministros de ayuda. Prácticamente la única forma de hacerlo es por vía aérea. Nuestros aviones, que son objeto de amenaza de ataques, tienen que volar cientos de kilómetros desde bases en Kenia.

En el año 2000, el gobierno sudanés comenzó una campaña de bombardeo aéreo que tenía por objeto aniquilar toda infraestructura de servicio público en las áreas no controladas por musulmanes. Las bombas cayeron en hospitales, colegios, centros de distribución de alimentos, iglesias y zonas civiles, todo era blanco de ataque. Al parecer, este gobierno terrorista pretendía aterrorizar e infundir miedo a la población. Créanme que cuando cayeron las bombas, desde luego lo lograron. En el área cercana a nuestro hospital cayeron más de tres docenas de bombas. Milagrosamente, el edificio del hospital no resultó muy dañado, y las víctimas mortales y los heridos del pueblo contiguo fueron pocas, comparadas con lo que habrían podido ser.

Estos creyentes del sur de Sudán son invencibles. Hace años que podrían haberse rendido y vivir bajo leyes islámicas como no musulmanes y ciudadanos de segunda clase, pero aún así habrían sufrido persecución. El gobierno islámico habría obligado a sus hijos a asistir a colegios musulmanes para ser adoctrinados. En lugar de plegarse a sus exigencias, estos cristianos sudaneses decidieron luchar por su libertad, eligiendo la pobreza absoluta y el sufrimiento para poder alabar a Dios libremente y seguir al Señor Jesucristo.

A lo largo de varios años he tenido la oportunidad de trabajar en muchos países musulmanes como Egipto, Jordania, Líbano, Siria, Irak, Afganistán, Pakistán y Sudán. En algunos países musulmanes, como por ejemplo Arabia Saudita, no hay ni una sola iglesia cristiana. Y que yo sepa, en Afganistán, que fue liberado de los talibanes por los Estados Unidos, no existe ni un solo edificio de iglesia. Pero esto no fue siempre así.

En 1959 un cristiano estadounidense que servía en Afganistán, el Dr. J. Christy Wilson Jr., se puso en contacto con el presidente Dwight Eisenhower para pedir su ayuda en la obtención del permiso del gobierno de Afganistán para construir una iglesia en Kabul. El Dr. Wilson explicó que se había edificado una mezquita en Washington, D.C. Cuando el presidente Eisenhower fue en visita oficial a Afganistán ese mismo año, le pidió permiso al rey afgano, y obtuvo la aprobación de este para la construcción de una iglesia. Pasaron varios años hasta que por fin en 1970 se terminó y se inauguró el edificio de la iglesia.

Justo tres años después de eso el gobierno musulmán comenzó a perseguir a los cristianos. El Dr. Wilson, su esposa, Betty, y otros, quienes habían hecho mucho por el pueblo afgano, fueron obligados a abandonar el país. El gobierno decidió echar abajo la iglesia. A pesar de las súplicas de muchos cristianos influyentes de todo el mundo, el rey no intervino, y el edificio fue derribado el 17 de julio de 1973. Esa misma noche hubo un golpe militar, y el rey fue depuesto.

Unos refugiados afganos le dijeron más tarde al Dr. Wilson: «Desde que nuestro gobierno destruyó aquella iglesia, Dios ha estado juzgando nuestro país».[7] Yo no sé si esa es la causa de todas las penalidades de Afganistán, pero los hechos son muy claros: Afganistán ha sufrido guerra, pobreza y sufrimientos terribles casi sin cesar desde los años 70. Quizás ahora, por la misericordia de Dios, con el fin de los talibanes, el pueblo afgano volverá a tener oportunidad de escuchar y abrazar la verdad del evangelio.

A lo que quiero llegar es a esto: En los Estados Unidos hemos disfrutado de más de doscientos años de libertad, abundancia y progreso sin precedentes porque nuestro sistema refleja las enseñanzas del mejor Libro que se ha escrito, y del mejor Maestro que ha existido. Entonces, ¿por qué los cristianos de los Estados Unidos se encuentran continuamente bajo acusación, ataques, e incluso ciertos niveles de persecución?

EL NOMBRE DIVIDE

Los cristianos no podemos olvidar nuestra identidad. Los cristianos somos los primeros ciudadanos, y los más importantes, del Reino de los cielos. Nuestra mayor preocupación no debe ser el hecho de si somos tratados bien en los Estados Unidos o en algún otro lugar. Identificarnos con Jesucristo y con su causa nos traerá problemas y persecuciones. Jesús ya predijo que eso sucedería:

> Bienaventurados seréis cuando los hombres os aborrezcan, y cuando os aparten de sí, y os vituperen, y desechen vuestro nombre como malo, por causa del Hijo del Hombre ... porque he aquí vuestro galardón es grande en los cielos; pues así hacían sus padres con los profetas.[8]

Y en otra ocasión, al enviar a sus discípulos a predicar por todo Israel, Jésús les dijo:

> Por camino de gentiles no vayáis, y en ciudad de samaritanos no entréis, sino id antes a las ovejas perdidas de la casa de Israel. Y yendo, predicad, diciendo: El reino de los cielos se ha acercado. Sanad enfermos, limpiad leprosos, resucitad muertos, echad fuera demonios ... He aquí, yo os envío como a ovejas en medio de lobos; sed, pues, prudentes como serpientes y sencillos como palomas. Y guardaos de los hombres, porque os entregarán a los concilios y en sus

sinagogas os azotarán; y aun ante gobernadores y reyes seréis llevados por causa de mí.[9]

Estas palabras deberían hacernos reflexionar. Como ciudadanos de los Estados Unidos, los cristianos tenemos los mismos derechos constitucionales que cualquier otra persona. Por eso me ofende que otros sean intolerantes cuando yo me muestro partidario de Jesucristo. Pero esos prejuicios tampoco deberían sorprenderme. Jesucristo les advierte a sus seguidores que no podrán evitar ser odiados «por causa de su Nombre».

El Nombre de Jesucristo es un pararrayos, ya que Jesucristo representa la división entre el bien y el mal, Dios y Satanás, la luz y la oscuridad, la justicia y el pecado, el cielo y el infierno. El Nombre de Jesús nos dice a gritos que tenemos que tomar una decisión: «¿A quién vas a servir? ¿A quién vas a darle la vida? ¿De quién vas a depender?» Las personas rebeldes, tercas y pecadoras quieren guardarse el derecho de decidir por sí mismas qué camino tomar. Jesús niega esta opción. Hablando en su favor, el apóstol Pedro dijo: «Porque no hay otro nombre bajo el cielo, dado a los hombres, en que podamos ser salvos».[10]

Jesús es bondadoso, pero no débil. Ama al pecador, pero no tolera el pecado en absoluto. No negocia con eso. Él es Señor.

Esta verdad tan espinosa es la que invita a ser intolerante con los cristianos. Jesús no dijo: «Haz lo que quieras; todos los caminos llevan a Dios». Eso habría convertido a Jesús en una figura «políticamente correcta», pero Jesús no es políticamente correcto. Es Señor.

Sus seguidores deben aceptar hoy la eterna verdad de lo que les dijo a sus discípulos:

Si el mundo os aborrece, sabed que a mí me ha aborrecido antes que a vosotros. Si fuerais del mundo, el mundo amaría lo suyo; pero porque no sois del mundo, antes yo os elegí del mundo, por eso el mundo os aborrece. Acordaos de la palabra que yo os he dicho: El siervo no es mayor que su señor. Si a mí me han perseguido, también a vosotros os perseguirán; si han guardado mi palabra, también guardarán la vuestra. Mas todo esto os harán por causa de mi nombre, porque no conocen al que me ha enviado.[11]

LA TOLERANCIA DE JESÚS

La tolerancia de Jesús hacia la gente con la que trató fue maravillosa. Un ejemplo de esto lo tenemos en su encuentro con la mujer samaritana. Los judíos de esa época no le hablaban a los despreciados samaritanos. Pero Jesús no participó en un prejuicio racial y sexual que habría sido «políticamente correcto». Fue compasivo y tolerante con el pecador, pero trazó una línea divisoria a la hora de tratar la pecaminosidad de la vida de una persona. El Evangelio de Juan nos narra esta historia de forma muy viva.

Vino, pues, a una ciudad de Samaria llamada Sicar, junto a la heredad que Jacob dio a su hijo José. Y estaba allí el pozo de Jacob. Entonces Jesús, cansado del camino, se sentó así junto al pozo. Era como la hora sexta. Vino una mujer de Samaria a sacar agua; y Jesús le dijo: Dame de beber. Pues sus discípulos habían ido a la ciudad a comprar de comer. La mujer samaritana le dijo:« ¿Cómo tú, siendo judío, me pides a mí de beber, que soy mujer samaritana? Porque judíos y samaritanos no se tratan entre sí. Respondió Jesús y le dijo: Si conocieras el don de Dios, y quién es el que te dice: Dame de beber, tú le pedirías, y él te daría agua viva. La mujer le dijo: Señor, no tienes con qué sacarla, y el pozo es hondo. ¿De dónde, pues, tienes el agua viva? ¿Acaso eres tú mayor que nuestro padre Jacob que nos dio este pozo, del cual bebieron él, sus hijos y sus ganados? Respondió Jesús y le dijo: Cualquiera que bebiere de esta agua, volverá a tener sed; mas el que bebiere del agua que yo le daré, no tendrá sed jamás; sino que el agua que yo le daré será en él una fuente de agua que salte para vida eterna. La mujer le dijo:

Señor, dame esa agua, para que no tenga yo sed, ni venga aquí a sacarla. Jesús le dijo: Vé, llama a tu marido y ven acá. Respondió la mujer y dijo: No tengo marido. Jesús le dijo: Bien has dicho: No tengo marido; porque cinco maridos has tenido, y el que ahora tienes no es tu marido; esto has dicho con verdad. Le dijo la mujer: Señor, me parece que tú eres profeta. Nuestros padres adoraron en este monte, y vosotros decís que en Jerusalén es el lugar donde se debe adorar. Jesús le dijo: Mujer, créeme, que la hora viene cuando ni en este monte ni en Jerusalén adoraréis al Padre. Vosotros adoráis lo que no sabéis; nosotros adoramos lo que sabemos; porque la salvación viene de los judíos. Mas la hora viene, y ahora es, cuando los verdaderos adoradores adorarán al Padre en espíritu y en verdad; porque también el Padre tales adoradores busca que le adoren. Dios es espíritu; y los que le adoran, en espíritu y en verdad es necesario que le adoren. Le dijo la mujer: Sé que ha de venir el Mesías, llamado el Cristo; cuando él venga nos declarará todas las cosas. Jesús le dijo: Yo soy, el que habla contigo.[12]

Jesús habló con compasión y comprensión, y le explicó tan bien las verdades espirituales que ella dejó el cántaro y se fue a la ciudad a decirles a los hombres lo que había sucedido, y muchos de esa ciudad fueron a conocer a Jesús.

Durante el ministerio de Jesús en la tierra había muchas religiones paganas que se disputaban el corazón y la mente de la gente. Los seguidores de Jesús daban por hecho que éste pisotearía a todos los que no estuvieran de acuerdo con Él, pero en lugar de eso, Jesús fue tolerante y trató con amor y bondad a los que practicaban otras religiones. Aquí tenemos el caso de una mujer que obviamente llevaba una vida pecaminosa, y estaba atrapada por la tradición religiosa y la ceguera espiritual, pero Jesús la trató con delicadeza.

En ciertas ocasiones Jesús fue duro con los fariseos e incluso con sus propios discípulos. En una de sus parábolas cuenta que Satanás había sembrado cizaña en un campo de trigo. Cuando la hierba brotó apareció también la cizaña. Pero el dueño del campo no les permitió a sus trabajadores que arrancaran la cizaña. En vez de eso les dijo que la dejaran crecer, y que después de la cosccha la cizaña sería separada del trigo.[13]

A lo que quería llegar Jesús era a tolerar a los falsos maestros y sus religiones, no había que perseguir ni forzar a nadie a su Rcino, no había que violar la libertad de elección de la gente. Jesús invita a todos a venir a Él, pero aceptarlo o rechazarlo es decisión de cada uno. Cuando llegue la cosecha (el fin de los tiempos) Jesús separará a los miles de falsos creyentes (la cizaña) de sus seguidores (el trigo).

La historia nos recuerda que en el pasado hubo gobernantes y reyes que desobedecieron la Palabra de Dios, manipulando y torciendo la verdad de Dios en favor de sus intereses políticos y personales, este fue el caso de los cruzados de la Edad Media, que llevaban la cruz de Cristo y masacraban por igual a judíos y musulmanes. Las enseñanzas de Cristo no justifican esto en ningún pasaje bíblico.

¿Debemos tolerar a los que creen que los cristianos somos ignorantes, estúpidos e intolerantes? La actitud que Jesús nos pide es esta:

Oísteis que fue dicho: Ojo por ojo, y diente por diente. Pero yo os digo: No resistáis al que es malo; antes, a cualquiera que te hiera en la mejilla derecha, vuélvele también la otra.

Oísteis que fue dicho: Amarás a tu prójimo, y aborrecerás a tu enemigo. Pero yo os digo: Amad a vuestros enemigos, bendecid a los que os maldicen, haced bien a los que os aborrecen, y orad por los que os ultrajan y os persiguen; para que seáis hijos de vuestro Padre que está en los cielos, que hace salir su sol sobre malos y buenos, y que hace llover sobre justos e injustos.[14]

Como ciudadano de los Estados Unidos tengo derecho a creer lo que me parezca, sea o no correcto políticamente. Los que tratan de suprimir los principios de la fe cristiana no se dan cuenta del peligro que eso conlleva. Para apreciar lo preciosa que es la libertad que tenemos en el corazón de América resulta muy esclarecedor visitar países donde los gobiernos están bajo la influencia de otras religiones.

Dios no tolera el pecado ni tampoco otras religiones que conducen a la gente a la oscuridad eterna. La Biblia afirma que habrá un juicio cuando llegue el momento, porque Él es un Dios celoso, y claramente nos dice que no debemos tener otros dioses delante de Él.[15]

Pero entre tanto, esta moda de la tolerancia, la cual es intolerante con los defensores del Nombre, hace que se me revuelva el estómago.

Como seguidor de Jesús, reconozco que anhelo llegar a una patria que es mucho mejor y más duradera que la que nos ofrece el mundo. Como los hombres y mujeres mencionados en el libro de Hebreos, yo soy extranjero y peregrino, buscando un hogar celestial «cuyo arquitecto y constructor es Dios».[16]

6

POR ENCIMA DE OTROS «DIOSES»

¿Cuántas religiones diría usted que hay en el mundo? ¿Cincuenta? ¿Cien? ¿Mil? ¿Cinco mil?

Entre las principales se cuentan el cristianismo, el judaísmo, el islam, el hinduismo, el budismo y el sintoísmo. David Barret, editor de la *World Christian Enciclopedya*, afirmó que existen 9.900 religiones distintas y separadas.[1] ¡Y aumentan cada año!

Entonces, ¿por qué están tan seguros los cristianos de la preeminéncia de Jesucristo? ¿Por qué no se conforman con decir que Jesús fue sólo un buen maestro del pasado, alguien que nos explicó el camino a Dios, igual que otros muchos líderes religiosos anteriores y posteriores a Él?

La respuesta sobre la suprema verdad del cristianismo gira en torno a Aquel que lleva el Nombre: el Señor Jesucristo. C. S. Lewis, un renombrado pensador y escritor británico, y uno de los mayores defensores de la fe cristiana, escribió:

Una persona normal y corriente que dijera lo que dijo Jesús no podría haber sido un gran maestro de moral. Sería un loco, al mismo nivel que un hombre que dijera que es un huevo hervido, o sería el Diablo. Usted tiene que decidir. O bien este hombre fue, y es, el Hijo de Dios, o un loco, o algo peor. Usted lo puede tomar por loco, lo puede escupir y matar como un demonio, o puede caer de rodillas ante Él y llamarlo Señor y Dios, pero no vengamos en plan paternalista diciendo que fue un gran maestro humano. Él no nos ha dejado abierta esa puerta. Nunca pretendió hacerlo.[2]

Lewis señala con mucho acierto que, teniendo en cuenta lo que Jesús afirmó sobre sí mismo y lo que la historia recogió sobre Él, no pudo haber sido sólo un «buen maestro». Dicho de forma simple: esta opinión no está disponible para nadie que de verdad piense.

Pero, ¿es Jesús el único camino al cielo?

Esta pregunta ha recibido atención renovada con motivo de los ataques del 11 de septiembre a las torres gemelas y al Pentágono, ya que los organizadores y perpetradores de esos hechos malvados eran seguidores del islam.

Mientras escribo estas palabras, los Estados Unidos están envueltos en una guerra contra el terrorismo. Pero esta guerra tiene un matiz muy significativo para los norteamericanos. No estamos luchando para detener a un Hitler o a un comunismo ateo. Ciertamente, en ambos lados del conflicto se invoca a Dios con frecuencia. Osama bin Laden, varias semanas después de que sus operativos estrellaran los aviones en el Centro de Comercio Mundial, el Pentágono y un campo en Pensilvania, dijo lo siguiente en un mensaje que se grabó en vídeo: «Esta es América, golpeada por dios en uno de sus puntos más vulnerables. Sus grandes edificios fueron destruidos. Gracias a dios por eso. Esta es América, muerta de miedo del norte al sur, y del este al oeste. Gracias a dios por eso».[3]

En los Estados Unidos a bin Laden lo llamamos el mal personificado. Le pedimos a Dios que él y otros como él sean encontrados y detenidos. Sin embargo, Osama le da gracias a «dios» por las obvias «bendiciones» de edificios destruidos, miles de muertos, y miedo general. ¿Estamos hablando del mismo «Dios»? Además del islam, ¿son las otras religiones simplemente diferentes, pero igualmente válidas; senderos que conducen al mismo Ser Supremo, sea cual sea el nombre que le den?

Esta es la cuestión más importante de todas.

Como ya he explicado, poniendo como ejemplo mis experiencias posteriores al tiroteo del Colegio Columbine y la investidura del 2001, en los Estados Unidos parece que estamos abrazando la idea de que todas las religiones son igualmente legítimas. Ser tolerante ante la sinceridad de otros se ha convertido en nuestro credo. Pero tristemente se puede ser sincero y estar equivocado al mismo tiempo. Y en ese caso las consecuencias pueden ser fatales.

Como piloto, sé lo que es la sensación llamada *vértigo*. El vértigo se da cuando una persona se desorienta temporalmente, por ejemplo, en un banco de nubes. No se ve nada en ninguna dirección, pues la nube lo impide. Tus sentidos te dicen que llevas un rumbo diferente al que realmente has tomado. Un piloto que sucumba al vértigo puede dirigir su avión hacia el suelo haciendo perecer a todos los que están en el avión, incluido él mismo, todo por creer sinceramente que va en la dirección correcta. La única esperanza que tiene para sobrevivir es confiar en sus instrumentos de navegación, que son niveles de medida objetivos que le indican exactamente lo que está sucediendo. La relatividad no es una opción en la cabina de mando.

En relación con Dios, no basta con seguir aquello que nos parece correcto o lo que sinceramente creemos que es cierto. Para tener vida eterna debemos relacionarnos con Dios en sus términos, no en los nuestros. Después de todo, Él es Dios. Así que el examen para validar cualquier creencia es ver si se conforma o no a su nivel. No basta con tener una creencia subjetiva basada en la propia experiencia de uno; el sistema de creencia de cada persona también debe ser examinado objetivamente.

Teniendo en cuenta esto, ¿significa lo mismo inclinarse ante Alá y adorar al Dios de la Biblia? ¿Qué pasa con los seguidores de las casi diez mil otras religiones? Cuando oran o invocan a alguna esencia o ser superior, ¿tratan todos de contactar con la misma persona divina? ¿O es que existen varios dioses?

La Biblia nos dice que no hay otros dioses. ¿Existen de verdad? ¿Son reales? A los que los adoran sí les parecen reales. Incluso el Dios Omnipotente lo reconoció en el primer mandamiento: «No tendrás dioses ajenos delante de mí».[4] Este es el punto clave: En este mundo existen dioses falsos y un único Dios verdadero, que se reveló en la persona de Cristo. La Biblia nos dice:

> Los ídolos de las naciones son
> plata y oro,
> Obra de manos de hombres.
> Tienen boca, y no hablan;
> Tienen ojos, y no ven;
> Tienen orejas, y no oyen;
> Tampoco hay aliento en sus bocas.
> Semejantes a ellos son los que los
> hacen,
> Y todos los que en ellos confían.[5]

El autor de Hebreos se refería a la preeminencia de Jesucristo, al escribir:

> Dios, habiendo hablado muchas veces y de muchas maneras en otro tiempo a los padres por los profetas, en estos postreros días nos ha hablado por el Hijo, a quien constituyó heredero de todo, y por quien asimismo hizo el universo; el cual, siendo el resplandor de su gloria, y la imagen misma de su sustancia, y quien sustenta todas las cosas con la palabra de su poder, habiendo efectuado la purificación de nuestros pecados por medio de sí mismo, se sentó a la diestra de la Majestad en las alturas.[6]

En los Estados Unidos estamos bastante confusos. Parece que no queremos aceptar una verdad que la Biblia expone de forma muy clara: Sólo hay un Dios verdadero. Él es el único ser supremo, a diferencia de los dioses hechos por hombres, que atraen seguidores en esta tierra. Elías, un profeta del Antiguo Testamento, explicó esto al desafiar a los dioses falsos de su tiempo.

En el siglo noveno a.C., gobernaba en Israel un rey malvado llamado Acab. La Biblia dice que Acab «hizo lo malo ante los ojos de Jehová, más que todos los que reinaron antes que él».[7] Pero Elías no se sintió intimidado por Acab, y le dijo: «tú y la casa de tu padre han dejado los mandamientos de Jehová y han seguido a los baales».[8]

Después convocó a un enfrentamiento abierto entre el Dios de Israel y los dioses de Acab. Cientos de sacerdotes, adoradores de ídolos se congregaron en el Monte Carmelo. Elías los desafió y les puso un ultimátum: «¿Hasta cuándo vacilaréis entre dos opiniones? Si Jehová es Dios, ¡seguidle! Y si Baal, ¡seguidle!»

Entonces Elías propuso una competencia, diciéndoles:

Sólo yo he quedado profeta de Jehová, mas de los profetas de Baal hay cuatrocientos cincuenta hombres. Dénsenos, pues, dos bueyes, y escojan ellos uno, y córtenlo en pedazos, y pónganlo sobre leña, pero no pongan fuego debajo; y yo prepararé el otro buey, y lo pondré sobre leña, y ningún fuego pondré debajo. Invocad luego vosotros el nombre de vuestros dioses, y yo invocaré el nombre de Jehová; y el Dios que respondiere por medio de fuego, ése sea Dios.

Los profetas de Baal (su dios) fueron los primeros. La Biblia relata:

Invocaron el nombre de Baal desde la mañana hasta el mediodía, diciendo: ¡Baal, respóndenos! Pero no había voz, ni quien respondiese; entre tanto, ellos andaban saltando cerca del altar que habían hecho.

Y aconteció al mediodía, que Elías se burlaba de ellos, diciendo: Gritad en alta voz, porque dios es; quizás está meditando, o tiene algún trabajo, o va de camino; tal vez duerme, y hay que despertarle.

Y ellos clamaban a grandes voces, y se sajaban con cuchillos y con lancetas, conforme a su costumbre, hasta chorrear la sangre sobre ellos. Pasó el mediodía, y ellos siguieron gritando frenéticamente hasta la hora de ofrecerse el sacrificio, pero no hubo ninguna, voz ni quien respondiese ni escuchase.

Entonces dijo Elías a todo el pueblo: Acercaos a mí. Y todo el pueblo se le acercó; y él arregló el altar de Jehová que estaba arruinado. Y tomando Elías doce piedras, conforme al número de las tribus de los hijos de Jacob, al cual había sido dada palabra de Jehová diciendo: Israel será tu nombre, edificó con las piedras un altar en el nombre de Jehová, después hizo una zanja alrededor del altar, en que cupieron dos medidas de grano. Preparó luego la leña, y cortó el buey en pedazos, y lo puso sobre la leña. Y dijo: Llenad cuatro cántaros de agua y derramadla sobre el holocausto y sobre la leña.

Y dijo: Hacedlo otra vez; y otra vez lo hicieron.

Dijo aún: Hacedlo la tercera vez; y lo hicieron la tercera vez, de manera que el agua corría alrededor del altar, y también se había llenado de agua la zanja.

Cuando llegó la hora de ofrecerse el holocausto, se acercó el profeta Elías y dijo: Jehová Dios de Abraham, de Isaac y de Israel, sea hoy manifiesto que tú eres Dios en Israel, y que yo soy tu siervo, y que por mandato tuyo he hecho todas estas cosas. Respóndeme, Jehová, respóndeme, para que conozca este pueblo que tú, oh Jehová, eres el Dios, y que tú vuelves a ti el corazón de ellos.

Entonces cayó fuego de Jehová, y consumió el holocausto, la leña, las piedras y el polvo, y aun lamió el agua que estaba en la zanja. Viéndolo todo el pueblo, se postraron y dijeron: ¡Jehová es el Dios, Jehová es el Dios![9]

En el Sur, donde yo vivo, usamos una expresión para afirmar lo obvio que significa algo así como «sin lugar a duda». Cuando cayó fuego del cielo ante los ojos de estos idólatras que se habían reunido en el Monte Carmelo, ellos, sin lugar a dudas, se arrojaron al suelo e invocaron a Dios.

Dios anunció su supremacía por medio de estas palabras, dichas a Isaías:

> Vosotros sois mis testigos, dice
> Jehová, y mi siervo que yo escogí,
> para que me conozcáis y creáis, y
> entendáis que yo mismo soy, antes
> de mí no fue formado dios, ni lo
> será después de mí. Yo, yo Jehová,
> y fuera de mí no hay quien salve.[10]

Mi propósito al escribir este libro no es poner en sus manos un libro de texto de religión comparada. Pero ante la gran confusión y controversia que hay en torno a las diferentes religiones, y la idea imperante de que todas las religiones representan caminos válidos hacia Dios, creo que es importante mostrar en qué se diferencia la fe cristiana de las otras religiones. Al hacer esto no estoy escribiendo por animadversión hacia esas otras creencias. Lo único que quiero hacer es mostrar que existe una diferencia clara y drástica. Jesucristo es el Nombre sobre todo nombre, y ha sido la figura más influyente en la historia del mundo. Y la evidencia es realmente abrumadora. La fiabilidad de las Escrituras, la evidencia de la resurrección de Cristo, y las experiencias comunes de personas cuyas vidas han cambiado radicalmente, todo contribuye a explicar la enorme diferencia que hay entre seguir a Jesucristo y cualquier otro «camino a Dios». Por cierto, el mismo Jesús habló de los otros caminos, al decir: «Entrad por la puerta estrecha; porque ancha es la puerta, y espacioso el camino que lleva a la perdición, y muchos son los que entran por ella;

porque estrecha es la puerta, y angosto el camino que lleva a la vida, y pocos son los que la hallan».[11] Esta verdad es la que anima el ministerio de *Samaritan´s Purse*. Todo lo que hacemos lo hacemos en el Nombre de Jesucristo. Nuestra organización humanitaria trabaja sobre todo en países no cristianos. Tengo muchos amigos que siguen otras religiones y se sienten horrorizados ante las tácticas violentas de algunos de sus correligionarios.

Sin embargo, sí voy a decir intencionadamente que en algunas de esas religiones se practica una horrenda intolerancia. En algunas sociedades hindúes, por ejemplo, las iglesias cristianas son quemadas, y los pastores y misioneros son asesinados por testificar del único Dios verdadero.

El islam, a diferencia del cristianismo, cuenta entre sus enseñanzas básicas con una profunda intolerancia ante los seguidores de otras religiones. Hoy día se habla y se publica mucho sobre el pacifismo del islam, pero si nos fijamos un poco nos daremos cuenta de que es justamente lo contrario. Por ejemplo, el Hadith, la colección de dichos del profeta Mahoma y sus primeros seguidores, afirma que Mahoma dijo en una ocasión: «Una incursión (militar) por la causa de dios es mejor que setenta peregrinaciones a la Meca».[12]

Esto no significa que todos los musulmanes practiquen esta doctrina o traten de hacer daño a los que siguen otras religiones. Ciertamente, algunos seguidores del islam son gente pacífica. Pero no seamos inocentes: el islam es una religión proselitista. Aunque los musulmanes afirman que «no hay compulsión en la religión», el Corán aprueba la guerra santa y cobrar más impuestos a los no musulmanes para que estos se sometan al islam».[13]

En la Sura 9:29 se lee: «¡Combatid contra quienes, habiendo recibido la Escritura [los judíos y los cristianos], no creen en Alá ni en el último día, ni prohíben lo que Alá y Su Enviado han prohibido, ni practican la religión verdadera, hasta que, humillados, paguen el tributo directamente!»

Durante los primeros días de la guerra en Afganistán, William F. Buckley escribió:

> Ahora tenemos que tratar con el islam. No hace falta que insistamos en que su situación política y económica es miserable, que solamente uno de los dieciocho países musulmanes (Turquía) está gobernado democráticamente ... Se creería que es un signo de tolerancia referirse al islam como si fuera otra religión más, pero no es así ... Si uno selecciona puede encontrar pasajes coránicos acordes con la vida civilizada, pero el 11 de septiembre tuvimos que encararnos con un acto hecho por musulmanes que se consideraban actuando con ideales islámicos. Está muy bien que portavoces musulmanes condenen el terrorismo, pero el mundo islámico está formado sobre todo por países que ignoran, toleran o apoyan la actividad terrorista.[14]

Cuando se haya luchado la última batalla de esta guerra contra el terrorismo, y el humo se disipe, aún continuará el conflicto entre el islam y el cristianismo, y las diferencias entre las enseñanzas de Mahoma y las enseñanzas de Cristo. ¿Cuáles son esas diferencias?

DIFERENCIAS ENTRE EL CRISTIANISMO Y EL ISLAM

Aunque aparentemente haya semejanzas entre el cristianismo y el islam, la verdad es que son tan diferentes como la luz y la oscuridad. Se han escrito muchos libros sobre este tema, pero yo me limitaré a exponer brevemente algunas diferencias importantes:

El cristianismo surgió cuando Jesucristo (el Hijo de Dios sin pecado, que era el mismo Dios) murió en la cruz, como sacrificio por nuestros pecados, para redimir a un mundo perdido y recuperarlo para Dios. Por el contrario, el islam fue fundado por un simple ser humano, un guerrero llamado Muhammed (o Mahoma), en cuyas enseñanzas se observa la táctica de «conversión o conquista», por medio de la violencia si es necesario.[15] Parece claramente que el objetivo final del islam es dominar el mundo.

La verdad de la Biblia es la fuente escrita del cristianismo. La fuente del islam es el Corán.

La Biblia (de una palabra griega que significa «libros»), aunque fue escrita por al menos treinta y cinco autores diferentes, de trasfondos muy distintos, y a lo largo de un período de mil seiscientos años, es un libro con un mensaje increíblemente unitario. La Biblia se divide en el Antiguo y el Nuevo Testamento. Mi amigo y mentor Roy Gustafson, ya fallecido, presentaba así esta división:

El Nuevo Testamento se *contiene* en el Antiguo Testamento.
El Antiguo Testamento se *explica* en el Nuevo Testamento.

El Nuevo Testamento se *oculta* en el Antiguo Testamento.
El Antiguo Testamento se *revela* en el Nuevo Testamento.

El Antiguo Testamento *anticipa* el Nuevo Testamento.
El Nuevo Testamento *autentica* el Antiguo Testamento.

En el Antiguo Testamento *está escondido* el Nuevo Testamento.
En el Nuevo Testamento *está abierto* el Antiguo Testamento.

El Antiguo Testamento *presagia* el Nuevo Testamento.
El Nuevo Testamento *cumple* el Antiguo Testamento.

En el Antiguo Testamento estaban siempre *buscando*.
En el Nuevo Testamento ya *encontraron*.

El Antiguo Testamento *predice* a una persona.
El Nuevo Testamento *presenta* a esa persona.

Y esa persona es Jesucristo, que validó completamente el Antiguo Testamento.

El Pentateuco (los cinco primeros libros de la Biblia) *presenta* las figuras de Cristo.

Los Salmos *presentan* los sentimientos de Cristo.
Los Profetas *presentan* las predicciones de Cristo.

Los Evangelios *presentan* los hechos de Cristo.
Las Epístolas *presentan* los frutos de Cristo.

La Biblia es el libro más leído de la historia y, sin lugar a dudas, el que ha ejercido más influencia. Durante siglos ha habido críticos que han tratado de desacreditar la Biblia, pero han fallado. La Biblia es validada por sus destacadas fuentes originales.

Por el contrario, el libro del islam, el Corán (una palabra árabe que significa «recitación») fue compilado en un período de veintitrés años, durante la vida de Mahoma. Los musulmanes consideran que tiene prioridad sobre la Biblia. (El Corán tiene una extensión aproximada de cuatro quintas partes del Nuevo Testamento y está dividido en 114 capítulos llamados Suras.) El Corán contiene las supuestas revelaciones y visiones de Mahoma, además de enseñanzas suyas que fueron recogidas por otros. En el Corán también se incluyen historias robadas y modificadas del Antiguo y del Nuevo Testamento. A lo largo de los años se compilaron dichos adicionales de Mahoma y de sus primeros seguidores. Es lo que se conoce como Hadith. El Corán no ha tenido un efecto tan amplio en la civilización y cultura occidentales como la Biblia.

La diferencia número uno entre el islam y el cristianismo es que el dios del islam no es el Dios de los cristianos. En el cristianismo nosotros alabamos al Dios Omnipotente, que se reveló en forma humana en la persona de Jesucristo, el Hijo de Dios. El Dios del islam no es padre y no tiene hijos; esa mera idea le resulta blasfema a un musulmán.[17]

La Biblia nos enseña que las personas pueden tomar

decisiones libremente en lo que concierne a Dios. El islam muchas veces recurre a la fuerza, la intimidación o la conquista de naciones enteras para reclutar a conversos.

El islam se acerca con dureza a los que siguen otros credos. Un no musulmán puede convertirse en musulmán fácilmente, pero si un musulmán decide convertirse al cristianismo o a alguna otra religión, bajo la ley islámica, si no se retracta, se enfrenta a una muerte casi segura. En los Estados Unidos los musulmanes tienen libertad para alabar a Alá, e incluso para hacer prosélitos, pero en la mayoría de los países musulmanes los cristianos no pueden alabar abiertamente a Jesucristo, el Hijo de Dios, ni hablar en público de su fe.

Quizás recuerden que en agosto del 2001 Dayna Curry y Heather Mercer, dos misioneras en Afganistán, fueron encarceladas por los talibanes (palabra que significa «estudiantes del islam») por mostrar la película de Jesús en CD en un domicilio particular. La película retrata la vida de Cristo. Las dos jóvenes no fueron liberadas hasta que los Estados Unidos derribaron el poder de los talibanes por medio de una acción militar.

En países como Sudán, cuando el gobierno adopta la ley islámica, no hay nada más. No hay democracia, todas las leyes se basan en el Corán, y se limita la libertad religiosa. Esta es la razón de ser de esta guerra que ya lleva diecisiete años. Los cristianos no quieren educar a sus hijos en colegios islámicos. Quieren ser libres para alabar el Nombre. Para los adeptos a otros credos ni judíos ni cristianos, tales como los hindúes, el Corán es aún menos tolerante, y los idólatras son candidatos de persecución o muerte. Dice: «Cuando hayan transcurrido los meses sagrados, matad a los idólatras dondequiera que los encontréis. ¡Capturadles! ¡Sitiadles! ¡Tendedles emboscadas!»[18]

El mensaje cristiano es el del amor de Dios y el perdón de nuestros pecados por medio de la fe en Jesucristo, un regalo que cada individuo es libre de aceptar o rechazar. Aunque a

veces se han cometido actos indignantes por manos de personas malvadas que usaban el nombre de Cristo, el mismo Jesús
nunca defendió tácticas tipo guerra santa, violencia,
tergiversación, soborno o coerción para hacer adeptos.

Para muchos musulmanes, hombres y mujeres jóvenes que
se atan explosivos al cuerpo y se lanzan entre multitudes como
bombas humanas, terminando con la vida de gente inocente,
son elevados y venerados como mártires. Los secuestradores
usaron esa misma táctica el 11 de septiembre. Requisaron
aviones norteamericanos, les cortaron el cuello a los pilotos,
acuchillaron a los pasajeros y la tripulación, y luego estrellaron
los aviones contra los rascacielos de Nueva York. Como bien
declaró el presidente George W. Bush: «No son mártires, son
asesinos». Esas «bombas humanas» se han ganado respeto entre los musulmanes debido a la falta de condena de la clerecía
musulmana. Ciertamente, hay muchos que toleran dicha
práctica. Según un artículo del *New York Times*, la esposa de
Yasir Arafat, Suha al-Taweel Arafat, hizo unas declaraciones para
una publicación en árabe, afirmando que esos ataques suicidas
le parecían justificados. Llegó al punto de decir que si tuviera
un hijo, no habría honor mayor que sacrificarlo para la causa
palestina.[19] En cambio, un mártir cristiano es alguien que pierde
la vida por causa de su fe.

En *Jesús entre otros dioses*, Ravi Zacharias dijo:

> Las enseñanzas de Jesús están claras. Nadie debería verse
> obligado a convertirse en cristiano. Este hecho aleja
> totalmente al cristianismo del islam. En ningún país donde el
> cristianismo es la fe mayoritaria es ilegal propagar otra fe.
> Que yo sepa, no existe ningún país donde si alguien renuncia
> a su fe cristiana corra el peligro de ser perseguido por los
> poderes estatales. En cambio, hay bastantes países
> musulmanes donde va contra la ley proclamar públicamente
> el evangelio de Jesús, y donde si alguien renuncia a ser
> musulmán está en peligro de muerte.[20]

Me gusta mucho lo que dijo una vez mi querido amigo Roy Gustafson: «La religión es lo que los pecadores tratan de hacer por un Dios Santo, y el Evangelio son las Buenas Nuevas de lo que un Dios Santo ya ha hecho por los pecadores».[21]

Los cristianos consideran el matrimonio como una relación de dos personas iguales con funciones diferentes. El islam considera el matrimonio esencialmente como un acuerdo de amo y siervo, con el marido ejerciendo un poder abusivo sobre su esposa.

Viendo cómo son degradadas las mujeres en muchos países musulmanes, me sorprende que ni los medios de comunicación occidentales ni los grupos que luchan por los derechos de las mujeres le presten más atención a esta cuestión. Recuerdo el aullido que pegaron algunos de estos grupos cuando la Convención Bautista del Sur hizo pública una declaración sobre los roles del marido y de la mujer dentro del matrimonio. Aunque según las enseñanzas bíblicas hombres y mujeres son iguales ante Dios, también reconocieron que Dios creó a los hombres y a las mujeres para funciones diferentes. Esa enseñanza bíblica acerca de la sumisión de las esposas a sus maridos[22] tuvo a muchos comentaristas echando espuma por la boca de pura rabia.

Pero hasta que no empezó la guerra contra el terrorismo se hablaba muy poco sobre la vergonzosa subyugación de las mujeres en países musulmanes como Afganistán, Arabia Saudita e Irán, donde el derecho de los maridos a golpear a sus esposas se vio reforzado por el gobierno. En Arabia Saudita a las mujeres no se les permite conducir vehículos. En muchos países musulmanes las mujeres tienen que cubrirse la cabeza y el rostro, y suelen ser tratadas como ciudadanas de segunda clase. Y eso no es todo, a los musulmanes se les permite practicar la poligamia, pudiendo tener hasta un máximo de cuatro esposas. Si deciden que quieren aún otra esposa, y ya tienen cuatro, pueden divorciarse de una y casarse con otra. La mujer divorciada no puede llevarse nada de ese matrimonio, ni siquiera los hijos, y no tiene derecho a ningún tipo de posesiones, y en muchos casos ni siquiera tiene derechos legales. Simplemente es descartada.

Jesucristo es el único que elevó a las mujeres y les dio un lugar de honor. El islam no sólo enseña que los hombres y las mujeres tienen diferentes funciones, sino que los hombres son superiores a las mujeres. Una Hadith llega hasta el punto de afirmar que la inteligencia y la religión de una mujer son deficientes. Supuestamente, Mahoma dijo que el testimonio de una mujer vale la mitad que el de un hombre porque el cerebro de la mujer es deficiente.[23]

Compare eso con el encuentro que tuvo Jesús con una mujer, narrado en el libro de Marcos.[24] Se atrevió a conversar con alguien a quien todo el mundo esquivaba debido a una enfermedad dolorosa y crónica, que ya duraba doce años. Jesús se detuvo a sanarla en medio de una multitud que lo aclamaba. A una mujer que fue sorprendida en adulterio, le ofreció el perdón y el amor verdadero que anhelaba su corazón.[25] A mujeres que pensaban que habían perdido a su ser más querido les otorgó el privilegio sin par de ser testigos oculares de la resurrección del Señor de Señores.[26]

Me gustan las conclusiones a las que llega R. C. Sproul: «Existen otras dos diferencias vitales entre el cristianismo y el islam. El islam no tiene ni cruz ni resurrección, artículos de fe que son la esencia del cristianismo, y de importancia fundamental para el plan del Dios de la Biblia. Mahoma no pagó por nuestros pecados al morir. Y cuando murió, no pasó de ahí».[27]

En resumen, el dios del islam no es el mismo que el Dios del cristianismo. Las doctrinas de la Biblia no son las mismas que las doctrinas del Corán.[28] El cielo de los cristianos[29] no es el mismo lugar que el paraíso que buscan los musulmanes. Quien afirme que en las dos creencias se alaba al mismo Dios está totalmente desinformado. Como dijo alguien con mucha elocuencia: «El dios del islam exige que sacrifiques a tu hijo para que muera por él. El Dios de la Biblia entregó a su Hijo para que muriera por ti».

La guerra actual es una lucha clásica que terminará con la segunda venida de Cristo. Al fin y al cabo, la «guerra contra el terrorismo» no es más que otro conflicto entre el mal y el Nombre.

OTRAS RELIGIONES

Desde el 11 de septiembre se ha hablado mucho del islam. Quizás usted se pregunte si otras religiones también tienen ese tipo de «imperfecciones». Se dice que al final de su vida, Buda dijo que aún estaba buscando la verdad. Cristo, en cambio, declaró: «Yo soy ... la verdad».[30]

El hinduismo tiene más de trescientos millones de dioses. Al enseñar sobre la reencarnación, consigna a la gente a cosechar en esta vida las consecuencias de sus hechos en vidas anteriores.[31] El cristianismo enseña: «Porque por gracia sois salvos por medio de la fe; y esto no de vosotros, pues es don de Dios; no por obras, para que nadie se gloríe».[32]

La Palabra de Dios enseña claramente que sólo hay un camino hacia el único Dios verdadero.

Un estudio detallado de las aproximadamente diez mil religiones en todo el mundo nos pondría frente a un mejunje de creencias casi imposibles de clasificar. Pero cuando se cocinan todas juntas es algo muy simple. La línea de separación entre la fe cristiana y todas las demás religiones depende de estas verdades:

- Jesucristo es exclusivamente Dios.

- Somos justificados ante Dios solamente por medio de la fe en Cristo, quien una vez y por todas las personas derramó su sangre y murió en la cruz por nuestros pecados, y después resucitó de entre los muertos.

• La Santa Biblia, la Palabra de Dios, es el único libro infalible para la fe y la práctica.

Al medirse contra estos niveles, las religiones del mundo palidecen en comparación con el Nombre de Jesús. Puede aceptarlo o rechazarlo. Usted decide qué hacer con Jesucristo.

UNA AMENAZA PARA EL EVANGELIO

¿Por qué he ofrecido toda esta información? Porque tenemos que conocer la verdad acerca de otras religiones. No estamos alabando al mismo Dios. Mucha gente cree que hay muchos caminos a Dios. Los hindúes creen que tienen un camino hacia Dios. Los musulmanes creen que tienen un camino hacia Dios. Pero Jesús dijo: «Yo soy el camino, y la verdad, y la vida; nadie viene al Padre, sino por mí».[33]

Aunque no podemos olvidar que nuestra responsabilidad como seguidores de Jesucristo es llevar su Nombre a todos los rincones de la tierra, tenemos que ser conscientes de que nuestras mayores armas no son defensivas. No hay ningún otro Nombre como el de Jesús. Y eso es porque no existe nadie como Jesús, el mismo Hijo de Dios, que después de morir en la cruz por nuestros pecados, se levantó de los muertos.

La espada del islam se oxidará.
La flor del budismo se marchitará.
Los templos del hinduismo se caerán.[34]

Pero el Nombre de Jesucristo brillará eternamente como el único Dios verdadero.

Imagínese que está andando por un camino y llega a una

bifurcación, un sendero lleva a la vida eterna y el otro al infierno. El problema es que usted no sabe cuál lleva adónde. Entonces ve a dos hombres, uno vivo y el otro muerto. ¿A cuál de los dos le pregunta la dirección? Al vivo, por supuesto.[35]

Los creyentes en Jesucristo siguen al que está vivo. Jesucristo vive hoy. No hay ningún otro credo que afirme algo semejante. Cuando compartimos el Nombre con otros, estamos proclamando a un Salvador resucitado, y a un Señor que vive.

7

LA IMPORTANCIA DE
UN NOMBRE

¿**E**stá usted consciente de que su buen nombre vale una fortuna?

¡La Biblia corrobora esto! El hombre más sabio que ha existido, el rey Salomón, escribió: «De más estima es el buen nombre que las muchas riquezas, y la buena fama más que la plata y el oro».[1] Salomón también dijo: «Mejor es la buena fama que el buen ungüento».[2]

¿Por qué un buen nombre vale «millones»? Esto se remonta a Dios y al valor que Él pone en un nombre (tanto en el de Él como en el de todos los demás).

En las primeras páginas de las Escrituras obtenemos claves acerca de la importancia de los nombres de Dios. Uno de los primeros mandamientos dados a Adán fue poner nombre a los animales.[3] Cuando el Señor creó una compañera para Adán, él la llamó Eva.[4] Sin embargo, ¿de dónde obtuvo Adán *su* nombre?

Tiene sentido que Dios pusiera nombre a Adán. Pero Él le dio un nombre que refleja su origen... él procedió de la tierra. ¿Se puede usted imaginar? Adán sale del barro, inhala su primera bocanada de aire, se sacude el polvo, observa alrededor, y de repente oye un sonido, la voz de su Hacedor que pronuncia su nombre: «Adán». Eso me produce escalofríos.

Mis años de trabajo en *Samaritan's Purse* me han permitido ser testigo de algunos sucesos extraordinarios que no necesariamente son comunes en el camino de la vida de todo el mundo. Durante la guerra en Ruanda, cuando los hutus asesinaron a casi dos millones de tutsis, tuvimos un equipo médico trabajando en las montañas del norte entre las tribus tutsi. Las Naciones Unidas los abandonaron y el mundo observaba horrorizado. Ni Estados Unidos ni ninguna otra nación fueron a rescatarlos. A pesar de esta horrible matanza de vidas inocentes, los tutsis sobrevivieron y finalmente ganaron la guerra.

A *Samaritan's Purse* le encargaron la administración y operación de un orfelinato. Recuerdo un día en que salí por detrás del orfanato y observé una escena que nunca olvidaré. Los hutus habían asesinado a muchos tutsis unas semanas antes, sin dejar tumbas ni nombres, sólo los cuerpos en descomposición en el lugar donde cayeron. Había tantos cadáveres por todo el país que era imposible enterrarlos a todos.

Después de varios meses regresé a ese mismo sitio en Ruanda. Miré alrededor y me asombró ver solamente rastros de huesos esparcidos; una dentadura por acá o un esqueleto por allá era todo lo que quedaba. Prácticamente los cadáveres habían regresado a la tierra. No pude evitar el pensamiento de que Dios conocía perfectamente por nombre a cada uno de los que habían sido asesinados, y que todos ellos eran almas valiosas para Él.

En tiempos del Antiguo Testamento cada nombre hebreo tenía un significado y se convertía en parte importante de la vida de un niño. En la antigua cultura judía se creía que el nombre de una persona revelaba en gran manera su carácter y su personalidad. Por ejemplo, el nombre que tenía el astuto y sospechoso Jacob quería decir «el que se agarró del calcañar».

¡Cuán apropiado! Conocer el nombre de Jacob era comprender verdaderamente algo significativo acerca de él.[5]

En la Biblia hay muchos relatos en que el Señor mismo dio nuevos nombres a individuos, algunas veces en momentos críticos de sus vidas. Abraham es el primer ejemplo registrado. Antes de que Dios hiciera el pacto con Abraham, se le conocía como Abram, o «padre exaltado». Pero después de la promesa divina de que tendría multitud de descendientes, Dios cambió su nombre por el de «Abraham», el cual significa «padre de muchedumbre de gentes».[6]

Es fascinante leer los relatos de cómo Dios revelaba originalmente el Nombre por el cual quería ser conocido. No sorprende que Él llame a cada uno por su nombre.

ARDE, ZARZA, ARDE

Hace poco volé a África para ver una de nuestras obras de socorro y visitar nuestro hospital en el sur de Sudán, bombardeado varias veces por el gobierno sudanés. Al concluir nuestro trabajo regresamos a Nairobi y luego a Roma, donde nos disponíamos a pasar la noche. Nuestro avión se reabasteció de combustible en Jeddah y continuamos nuestro vuelo hacia Italia.

He volado por más de treinta años. Al estar sentado en la punta de un avión, un piloto puede ver vívidamente algunos de los más hermosos atardeceres, amaneceres, y las más hermosas topografías que alguien pueda imaginar. Los cielos estaban despejados y cristalinos en este particular día primaveral. Nuestra trayectoria del vuelo nos llevó por el Mar Rojo hasta la punta de la Península del Sinaí. De allí nos dirigimos en dirección oeste sobre El Cairo. A trece mil metros de altura pude ver claramente el Nilo, el río más largo del mundo, conocido como «la vida de Egipto». Parecía una cinta que salía del desierto y entraba en el mar. Incluso a esta altura se podían ver con claridad las pirámides.

Cuando miré por el lado derecho de la cabina de mando aún podía ver la Península del Sinaí. Pensé en Moisés renunciando a su vida de príncipe para escapar al desierto, donde encontraría a Dios de una manera extraña.

Vayamos unos tres mil quinientos años atrás a esta ribera del Nilo, cuando los judíos eran esclavos en Egipto. A Faraón, el supremo gobernante de la tierra en esa época, le preocupaba el rápido crecimiento de la población hebrea. Temía que llegara el momento en que los judíos superaran en número a los egipcios. Faraón ordenó matar a todos los niños hebreos. Una madre hebrea colocó a su hijo en una pequeña canasta y lo puso entre los juncos a la orilla del Nilo. Entonces la hija de Faraón descubrió al bebé. Ella lo adoptó y le puso el nombre de Moisés, que significa «sacado de las aguas», y lo crió en el palacio de Faraón como un príncipe de Egipto, lo cual preparó a Moisés para la tarea que Dios le daría después en la vida. Pero esto no le sería revelado hasta que hubiera cortado todas las ataduras con Egipto. En su momento más sombrío en que se encontraba exiliado en el Desierto del Sinaí, Moisés recibió la revelación de Dios de modo misterioso y milagroso.

En el libro de Éxodo leemos el relato en que Moisés oyó de los propios labios de Dios su santo Nombre:

> Apacentando Moisés las ovejas de Jetro su suegro, sacerdote de Madián, llevó las ovejas a través del desierto, y llegó hasta Horeb, monte de Dios. Y se le apareció el Ángel de Jehová en una llama de fuego en medio de una zarza; y él miró, y vio que la zarza ardía en fuego, y la zarza no se consumía.
>
> Entonces Moisés dijo: Iré yo ahora y veré esta grande visión, por qué causa la zarza no se quema.
>
> Viendo Jehová que él iba a ver, lo llamó Dios de en medio de la zarza, y dijo: ¡Moisés, Moisés! Y él respondió: Heme aquí.

Antes de continuar la historia creo importante señalar que Moisés estaba alerta, que fue muy obediente para observar que

Dios buscaba comunicarse con él, y que estuvo dispuesto a escuchar. Me pregunto cuántas «zarzas ardientes» hemos perdido usted y yo en la vida porque estábamos demasiado enfocados en atender nuestros asuntos diarios.

Regresemos a Éxodo:

> Y dijo: No te acerques; quita tu calzado de tus pies, porque el lugar en que tú estás, tierra santa es. Y dijo: Yo soy el Dios de tu padre, Dios de Abraham, Dios de Isaac, y Dios de Jacob. Entonces Moisés cubrió su rostro, porque tuvo miedo de mirar a Dios.
>
> Dijo luego Jehová: Bien he visto la aflicción de mi pueblo que está en Egipto, y he oído su clamor a causa de sus exactores; pues he conocido sus angustias, y he descendido para librarlos de mano de los egipcios, y sacarlos de aquella tierra a una tierra buena y ancha, a tierra que fluye leche y miel ... El clamor, pues, de los hijos de Israel ha venido delante de mí, y también he visto la opresión con que los egipcios los oprimen. Ven, por tanto, ahora, y te enviaré a Faraón, para que saques de Egipto a mi pueblo, los hijos de Israel.

Una razón de que Dios escogiera a Moisés para esta grandiosa posición de liderazgo fue el hecho de que él ya había tomado una decisión. Había vuelto la espalda a los placeres de Egipto y al poder de la casa de Faraón para identificarse con su pueblo y su sufrimiento. Mostró la misma clase de compasión que Dios tenía por los hebreos y sus aflicciones.

El libro de Hebreos da más detalles: «Por la fe Moisés, hecho ya grande, rehusó llamarse hijo de la hija de Faraón, escogiendo antes ser maltratado con el pueblo de Dios, que gozar de los deleites temporales del pecado, teniendo por mayores riquezas el vituperio de Cristo que los tesoros de los egipcios; porque tenía puesta la mirada en el galardón».[7]

Continuemos.

Entonces Moisés respondió a Dios: ¿Quién soy yo para que vaya a Faraón, y saque de Egipto a los hijos de Israel?

Y Él respondió: Ve, porque yo estaré contigo; y esto te será por señal de que yo te he enviado: cuando hayas sacado de Egipto al pueblo, serviréis a Dios sobre este monte.

Fue algún tiempo después, sobre este mismo monte que Moisés se encontró de nuevo con Dios y recibió los Diez Mandamientos.

Dijo Moisés a Dios: He aquí que llego yo a los hijos de Israel, y les digo: El Dios de vuestros padres me ha enviado a vosotros. Si ellos me preguntaren: ¿Cuál es su nombre?, ¿qué les responderé?

Y respondió Dios a Moisés: YO SOY EL QUE SOY. Y dijo: Así dirás a los hijos de Israel: YO SOY me envió a vosotros.[8]

¡Vaya! Esta es la primera vez en la Biblia en que Dios literalmente le dice a un hombre cómo lo han de llamar. ¡Él no se presentó con un nombre grandioso, que pareciera único! Sólo dijo: «Diles que YO SOY te ha enviado».

¿Qué clase de nombre es este para el Gobernante de todo? ¿Soy qué? *Soy Dios.* La verdadera palabra que Dios usó para describirse fue «Yavé» o «Jehová», basada en el verbo «ser», la cual por supuesto significa sencillamente «yo soy el que soy».

Sin embargo, al examinar detenidamente, hay más del significado de «yo soy» del que se puede ver a simple vista. Al llamarse de tal modo, Dios establecía que es y será siempre el Señor infinito y personal de todo, que está detrás de todo y es quien definitivamente sustenta todo. Su nombre, «Yo soy el que soy», grita la verdad de que nadie ni nada más puede definir a Dios sino Él mismo.

El nombre de Dios proviene de la misma esencia de su integridad y reputación, sólidas como la roca. Es como si dijera a Moisés: «Vaya, ¿quieres saber mi nombre? Ni siquiera estoy seguro por qué lo preguntas, pero si insistes, ¡mi nombre es yo soy el que soy! Puedes confiar en que soy fiel a mi palabra, porque soy quien parezco ser. No hay otro como yo. Mi nombre es irreprochable. Cuando prometo algo, considéralo hecho».

El nombre de Dios es demasiado santo para ser usado con ligereza; Yavé había ordenado que no se tomara en vano su nombre. Los judíos, por temerosa reverencia, ni siquiera decían el nombre sagrado YHWH (pronunciado «Yavé»). Usaban otros términos como «Mi Señor» (Adonai). La palabra *Jehová* resultó cuando las vocales de Adonai acompañaron a YHWH.[9]

Puesto que yo soy era sumamente incluyente, los hijos de Israel dieron a Dios una gran cantidad de nombres para describirlo de modo adecuado:

Jehová-jiré	«El Señor proveerá»
Jehová-nissi	«El Señor es mi bandera»
Jehová-shalom	«El Señor es paz»
Jehová-shammah	«El Señor está allí»
Jehová-tsebaoth	«El Señor de los ejércitos»
Jehová Elohe Israel	«Señor Dios de Israel»[10]

Dios reverencia su Nombre altamente. Todo hombre, mujer, niño y niña están hechos a su imagen; para Él es importante que apreciemos nuestros propios nombres y que no tomemos a la ligera el valor supremo de un «buen nombre».

EL PASTOR CONOCE SUS OVEJAS

Con gran emoción leemos las palabras de nuestro Señor Jesús: «Yo soy el buen pastor; y conozco mis ovejas, y las mías me conocen».[11]

En un sentido muy real, el pastor hace suyas a sus ovejas. A un pastor de las partes más escabrosas del Líbano le preguntaron una vez si conocía a cada una de sus ovejas. Esta fue su respuesta: «Si usted me vendara los ojos y me trajera cualquiera de mis ovejas le podría decir si es mía al poner mis manos en su cara». El Señor Jesús sintió la misma relación íntima con sus seguidores cuando dijo: «Conozco mis ovejas, y las mías me conocen».

Se cuenta la historia de un pastor que inspeccionaba la comunidad que rodeaba su parroquia. En su cuestionario preguntó a una mujer:

—¿Cuántos hijos tiene usted?

—María, Juan, José, Ana,... —comenzó a nombrarlos.

—No quiero los nombres, ¡solamente el número de ellos! —la interrumpió el pastor.

—Señor, ¡mis hijos no tienen número, tienen nombres! —contestó ella con una sensación de correcta indignación.

El Buen Pastor conoce a sus ovejas por nombre... a cada una de ellas.

—Adán, ¿dónde estás?

—¿Qué te sucede, Agar? —escuchó la esclava en su camino a Egipto.

—Abraham, Abraham ... No pongas tu mano sobre el muchacho.

—Elías, ¿qué estás haciendo aquí?

En el Nuevo Testamento el solo llamado de su nombre hizo que María reconociera a su Señor resucitado. «Él llama a sus ovejas por su nombre».[12]

SABER LLEVAR UN NOMBRE

Se necesita esfuerzo para mantener un buen nombre.

Tengo el privilegio de llevar el nombre de mi padre, y soy bendecido hasta este momento por tener un nombre familiar que es honrado en mi comunidad y en todo el mundo. Pero no puedo, ni usted tampoco, vivir del éxito del nombre de otra persona. Sin embargo, con el tiempo lo recordarán por su propio nombre. Cada uno de nosotros tiene la responsabilidad de guardar y proteger su propio nombre.

Existen aquellos cuyos nombres en una época gozaron de una buena reputación, como el diputado Gary Condit. Ya sea bueno o malo, debido a la atención que los medios masivos de comunicación le han dado a la historia, su nombre, antes muy respetado, lleva ahora connotaciones políticas de desconfianza y pasado turbio.

Cuando hoy día se menciona a Enron, una gigantesca empresa de energía situada en Texas y una de las compañías más grandes del mundo, llegan a la mente pensamientos de codicia, mala administración, manipulación, destrucción de documentos y cosas por el estilo.

Osama bin Laden viene de una respetada familia de Arabia Saudita conocida por su éxito en la construcción. Cuando ahora se menciona su nombre pensamos en terrorismo, asesinato masivo y personificación del mal.

Luego están quienes vivieron de tal manera que sus nombres pasan a la historia con gran integridad y respeto. No importa cuán cuidadoso se sea, a veces las circunstancias y los sucesos fuera de control pueden amenazar la misma integridad de un nombre.

Varios siglos antes de Cristo, Alejandro Magno salió de Macedonia y Grecia para conquistar el mundo mediterráneo. Él no lo sabía, pero Dios lo estaba utilizando en la preparación del camino para la venida del Mesías, porque fue como resultado de las conquistas alejandrinas que el griego se estableció como el lenguaje común del imperio griego, y más adelante del romano.

En una de sus campañas fue llevado ante Alejandro Magno uno de sus soldados, el cual había mostrado cobardía frente al enemigo. Mientras permanecía allí de pie ante este gran guerrero y conquistador del mundo conocido, Alejandro preguntó al joven soldado:

—¿Cómo te llamas?

—Señor —respondió temeroso y temblando el soldado—, mi nombre es Alejandro.

—Cambia entonces tu comportamiento o cambia tu nombre —replicó irritado y a gritos el gran comandante.

Esta historia tiene una lección. Cuando las personas se llaman cristianas se están identificando con Jesucristo. Cuando usan cruces, o ponen calcomanías cristianas en sus autos, están testificando de Él y se están identificando con el Nombre.[13]

Esto me recuerda a mi cuñado después de que mi hermana pusiera una calcomanía en el parachoques trasero del auto de él con esta inscripción: «Pita si amas a Jesús». Él era un tipo rudo, ex jugador de fútbol americano y levantador de pesas. La gente se sentía motivada a pitarle. Él se ponía furioso, bajaba el vidrio de la ventana, agitaba el puño y gritaba... no precisamente un ejemplo de Cristo. El hombre no sabía que la calcomanía estaba allí.

Los vaqueros antiguos acostumbraban identificar en qué hacienda ganadera trabajaban diciendo: «Soy jinete de tal marca». Se estaban identificando con la marca del ganado.

Si usted usa señales de fe cristiana, sea leal a la causa, a las enseñanzas y a los mandamientos de Cristo.

NUESTRO NOMBRE CUESTIONADO

La primera semana que el presidente George W. Bush estuvo en su despacho, anunció el plan de iniciativa basado en la fe, un programa por el cual el gobierno ayuda a grupos religiosos a realizar ciertos servicios a la gente de comunidades locales. Muchos grupos liberales de los Estados Unidos consideraron esta idea con gran sospecha. Existe una gran paranoia acerca de cualquier confusión potencial de la separación entre el estado y la iglesia. Los tergiversadores que hay entre nosotros tienen profundas ansiedades de que personas inocentes serán obligadas en contra de su voluntad a adoptar «peligrosas ideas religiosas». De tal manera que en sus mentes es una abominación que algún grupo de fe pueda recibir fondos gubernamentales... sin importar cuán valiosa sea su contribución al bien público.

Samaritan's Purse se convirtió en un blanco, quizás porque oré en la inauguración. Tal vez los críticos supusieron que debido a que se me había visto con el presidente, de algún modo nuestro ministerio estaría al frente de la línea para recibir fondos del plan de iniciativa basado en la fe. Eso no fue cierto. Es más, este plan es básicamente para ministerios locales y de zonas urbanas deprimidas. La mayor parte del trabajo de *Samaritan's Purse* se realiza en el exterior. Sin embargo, de vez en cuando hemos recibido ayuda en cantidades mínimas de organismos federales como la Agencia Estadounidense para el Desarrollo Internacional (USAID) y hasta de las Naciones Unidas.

Samaritan's Purse respondió en el invierno del 2001 a ciertas necesidades en el período subsiguiente a los terremotos masivos que destruyeron gran parte de El Salvador rural. Cientos de miles de personas quedaron desamparadas. Las réplicas aun retumbaban, ocasionando más devastación y temor.

El 5 de marzo el *New York Times* publicó un artículo en que acusaba a *Samaritan's Purse* de utilizar fondos gubernamentales de USAID para ayudar a extender el evangelio. Se suponía que estábamos obligando a las personas a orar. Naturalmente, se sacó a relucir mi nombre por servir como presidente de la organización. En los días siguientes una ráfaga de encabezados en los medios masivos de comunicación decían: «Los federales examinan el ministerio de los Graham»; «La agencia de vigilancia de ministerios acusada de mezclar la religión con la ayuda por terremotos»; y «Graham niega el uso de dinero de impuestos para hacer proselitismo».[14]

Los medios de comunicación se lanzan muy rápidamente sobre el nombre y la integridad de una persona cuando esto conviene a sus intereses. En este caso no creo que sus intereses fueran necesariamente acerca de mí, o de nuestro trabajo, sino de echar una sombra de dudas sobre la iniciativa presidencial basada en la fe. Sospecho que anhelaban desacreditar al presidente.

Es verdad que teníamos un voluntario en El Salvador, quien oraba antes de distribuir algunos de nuestros suministros de ayuda. Esto no es algo poco común. Lo hacemos frecuentemente. Somos una organización cristiana evangelizadora de ayuda y desarrollo. Sin embargo, en esta situación no se involucraron fondos de USAID. Es más, USAID no nos dio ningún dinero para nuestra obra en El Salvador en ese tiempo.

Por tanto, ¿de qué se trataba el asunto? No tengo problemas en usar dinero del gobierno para ayudar a la gente, mientras no comprometamos nuestro mensaje. Cuando se trata de obras de ayuda, USAID establece que no podemos utilizar sus fondos para actividades religiosas. Eso es justo, y estoy completamente de acuerdo. Siempre hemos acatado sus restricciones en el uso de tales fondos para construir refugios de desamparados y satisfacer sus necesidades físicas. Dios siempre ha provisto, por medio de su pueblo, los fondos necesarios para hacer su obra. Tenemos todo el derecho de orar con quien decidamos, y es nuestro el derecho de predicar el evangelio mientras no usemos fondos gubernamentales para tal propósito. Además, nunca obligamos a nadie a orar o a tomar parte en ningún alcance ministerial para que los necesitados puedan calificar en nuestra ayuda. Nunca discriminaríamos. Si alguien me pidiera separar mi trabajo de mi fe, con el fin de recibir fondos de una agencia o fundación del gobierno, me negaría.

El periodista que iba tras esta historia aparentemente ansiaba desacreditar al presidente, y falló en ver todos los hechos. USAID no tuvo otra alternativa que investigar la situación después de publicarse ese informe. No obstante, después de revisar todos los hechos no pasó mucho tiempo para que anunciara que *Samaritan's Purse* estaba en conformidad y que no había violado ninguna de sus políticas. Agradezco que obraran rápidamente para resolver este asunto, de modo que no dificultara nuestra obra continua de ayuda ni estorbara a las personas que estaban sufriendo en El Salvador.

Una noticia hecha pública decía: «USAID y *Samaritan's Purse* tienen un importante y productivo historial de trabajo conjunto en llevar ayuda humanitaria de emergencia ante necesidades en países en desarrollo. USAID tiene plena confianza en que *Samaritan's Purse* es totalmente competente y capaz de cumplir todos los requisitos de uso de fondos federales como una organización no gubernamental (ONG) registrada con USAID».[15]

Cuando los hechos se examinaron por completo, hasta donde sé, el *New York Times* no publicó otra historia o se retractó del informe anterior, pero en realidad no importa. No debo preocuparme de poner las cosas en claro. La gente dirá y pensará lo que quiera, sea cual sea la verdad.

Cuando se trata de integridad, el nombre del Señor pasa la prueba del tiempo... todos los días. No hay desafío más grande que fijar nuestros ojos en Cristo y vivir de modo irreprochable, guardando limpiamente nuestras palabras y acciones, y sin esconder nada. Dios no escribe cartas anónimas; Él pone su nombre en todo lo que hace y dice.

8

EL NOMBRE EN EL TIEMPO

Las montañas del occidente de Carolina del Norte han sido siempre mi hogar. Hubo cortos períodos en que me iba al colegio y después a misiones temporales de trabajo, pero las montañas siempre me hacían volver.

El otoño es una de mis épocas favoritas del año. Me gusta la temporada de caza: una oportunidad para entrar a los bosques en noches heladas, despertar en medio del helado rocío de la mañana y oler las hojas húmedas … simplemente hay algo acerca del otoño que me encanta. Quizás es la expectativa de saber que la Navidad se aproxima.

Las Navidades en el hogar Graham siempre han sido divertidas. Recuerdo que cuando era chico mi madre decoraba la casa, pero también nos animaba a buscar oportunidades de ayudar a otros que tenían menos que nosotros. Hoy día Jane y yo hacemos lo mismo: enseñamos a nuestros hijos a extender la mano hacia otros en necesidad para que puedan comprender el significado de la Navidad. Por desgracia el verdadero significado se ha perdido en la explotación material del nacimiento de nuestro Señor.

Para el bebé nacido en Belén la primera Navidad no se trató de fiestas, papel de regalo, ni «castañas asadas en una hoguera». C.S. Lewis lo manifestó así: «El Hijo de Dios se convirtió en hombre para que los hombres pudieran convertirse en hijos de Dios».[1]

PRIMERAS VISITAS

Muchos suponen que la primera aparición de Jesús ocurrió en Belén, incluso fijamos nuestro calendario como a.C. o d.C., antes o después del nacimiento de Cristo. Sin embargo, Jesús siempre existió porque Él es Dios. Desde el principio de los tiempos reinó desde su trono en el cielo. El Evangelio de Juan declara: «En el principio era el Verbo [Jesús], y el Verbo era con Dios, y el Verbo era Dios. Este era en el principio con Dios. Todas las cosas por Él fueron hechas, y sin Él nada de lo que ha sido hecho, fue hecho».[2]

Bastantes personas no comprenden que mucho antes de que Jesús llegara en Belén, como un bebé nacido de una virgen, hubo numerosos encuentros con el Señor. Este era el Hijo de Dios en forma encarnada de antemano. La Biblia dice que cuando el Verbo se hizo carne murió en una cruz romana; murió y luego resucitó al tercer día, según las Escrituras. Esto sucedió en una colina llamada el Monte Calvario.

En realidad fue en la cima de este mismo monte donde, siglos antes de la muerte de Jesús, ocurriera uno de los incidentes más asombrosos que representaban la cruz de Cristo.

En Génesis encontramos la historia de Abraham, el hombre con quien Dios hizo un pacto en el que le prometía ser el padre de muchas naciones con descendientes tan numerosos como las estrellas.[3] Esta promesa desconcertó a Abraham y a su esposa Sara, porque eran ancianos y no tenían hijos. Sin embargo, Dios intervino milagrosamente y la mujer dio a luz un hijo, Isaac. ¿Se puede imaginar la alegría y la emoción de Sara, en sus noventa, al cargar finalmente a su propio hijo? La promesa se había cumplido.

Entonces vino quizás la más grande prueba de fe y obediencia que un padre humano podría enfrentar: «Aconteció después de estas cosas, que probó Dios a Abraham, y le dijo: Abraham. Y él respondió: Heme aquí».

Cuando Dios nos llama en la vida debemos responder. La respuesta de Abraham fue: «Heme aquí. Heme aquí para hacer tu voluntad. Heme aquí para ir donde quieras que vaya, heme aquí para decir lo que quieres que diga, heme aquí para hacer a un lado mi vida. Heme aquí para hacer lo que quieras. Esta debe ser la respuesta de todo seguidor del Señor Jesucristo».

«Y dijo: Toma ahora tu hijo, tu único, Isaac, a quien amas, y vete a tierra de Moriah, y ofrécelo allí en holocausto sobre uno de los montes que yo te diré».

¿Puede usted creer esto? Soy padre de cuatro hijos. Si Dios me pidiera que tomara uno de ellos e hiciera esto... no podría entender ese pensamiento, pero Abraham dijo: «Heme aquí».

«Y Abraham se levantó muy de mañana, y enalbardó su asno, y tomó consigo dos siervos suyos, y a Isaac su hijo; y cortó leña para el holocausto, y se levantó, y fue al lugar que Dios le dijo. Al tercer día alzó Abraham sus ojos, y vio el lugar de lejos».

Ahora se comienza a revelar una representación, un paralelo: El Señor dio a su Hijo, su único hijo, para que muriera por los pecados de este mundo, y al tercer día resucitó de la tumba. A Abraham se le pidió que tomara a su hijo, su único hijo, y lo ofreciera como sacrificio a Dios. Abraham obedeció, y en el tercer día del viaje miró y vio a la distancia el lugar donde había de sacrificar a su hijo.

«Entonces dijo Abraham a sus siervos: Esperad aquí con el asno, y yo y el muchacho iremos hasta allí y adoraremos, y volveremos a vosotros».

Ahora podemos vislumbrar algo. Abraham sabía que de algún modo Dios proveería para él, porque dijo a los siervos: «El muchacho y yo iremos hasta allí y adoraremos, y volveremos a vosotros».

«Y tomó Abraham la leña del holocausto, y la puso sobre Isaac su hijo, y él tomó en su mano el fuego y el cuchillo; y fueron ambos juntos». Recuerde que el Señor Jesucristo cargó la cruz de madera sobre sus hombros, aquí vemos que la leña fue puesta sobre Isaac.

Entonces habló Isaac a Abraham su padre, y dijo: Padre mío. Y él respondió: Heme aquí, mi hijo. Y él dijo: He aquí el fuego y la leña; mas ¿dónde está el cordero para el holocausto? Y respondió Abraham: Dios se proveerá de cordero para el holocausto, hijo mío. E iban juntos.

Es importante ver esta revelación. Un día Dios proveería para sí mismo «el Cordero». Isaac no era el Cordero, sería el mismísimo Hijo de Dios.

«Y cuando llegaron al lugar que Dios le había dicho, edificó allí Abraham un altar, y compuso la leña, y ató a Isaac su hijo, y lo puso en el altar sobre la leña». Los eruditos bíblicos calculan que quizás Isaac tenía cerca de veinte años de edad. Es interesante observar que no se menciona a Isaac oponiendo resistencia, y él seguramente era, como un hombre joven, lo suficientemente fuerte para haber luchado con su anciano padre. Esta es una representación de Cristo; porque cuando Él fue a la cruz, no opuso resistencia a su Padre celestial sino que se dio de buen grado a sí mismo y se sometió a su Padre.

«Y extendió Abraham su mano y tomó el cuchillo para degollar a su hijo. Entonces el ángel de Jehová le dio voces desde el cielo, y dijo: Abraham, Abraham. Y él respondió: Heme aquí». Aquí está Abraham respondiendo otra vez al llamado del Señor. Heme aquí, Señor, para hacer tu voluntad, para hacer lo que quieras.

Y dijo: No extiendas tu mano sobre el muchacho, ni le hagas nada; porque ya conozco que temes a Dios, por cuanto no me rehusaste tu hijo, tu único. Entonces alzó Abraham sus ojos y miró, y he aquí a sus espaldas un carnero trabado en un zarzal por sus cuernos; y fue Abraham y tomó el carnero, y lo ofreció en holocausto en lugar de su hijo.

Recuerde que Isaac preguntó a su padre dónde estaba el cordero para el holocausto. Abraham le dijo que Dios proveería para sí mismo un cordero. Un carnero no es un cordero. Por tanto esta promesa no se cumplió en esta ocasión. No obstante, el carnero satisfizo el sacrificio del momento; porque el Cordero del que habló Abraham no vendría sino hasta dos mil años más tarde.

«Y llamó Abraham el nombre de aquel lugar, Jehová proveerá.» Por tanto se dice hoy: En el monte de Jehová será provisto.[4] Dos mil años después, exactamente a pocos kilómetros de ese lugar, el Dios todopoderoso proveyó ese Cordero, su propio Hijo, el Señor Jesucristo. Por obediencia a su Padre, Jesús fue a la cruz. Fue clavado a un madero. Él fue el sacrificio por nuestros pecados pasados, por nuestros pecados actuales y por los pecados que cometeremos en el futuro. El derramamiento de su sangre pagó nuestra deuda del pecado de una vez y para siempre. Nunca más será necesario un sacrificio por el pecado. Nunca más tendrá que morir Jesucristo. Nunca más se tendrá que construir un altar ni se perderá una vida para satisfacer a Dios. La deuda ha sido pagada por completo, y Dios lo confirmó al resucitar de los muertos a Jesús.

UN PEQUEÑO PUEBLO EN JUDEA

Cuando el Señor Jesucristo nació en Belén, Judea no tenía mucha importancia para las superpotencias del mundo antiguo. Esta pequeña propiedad, bajo la represión de Roma desde el año 63 a.C., sólo medía aproximadamente noventa kilómetros de sur a norte y de oriente a occidente.[5] A excepción de breves estallidos de independencia, los judíos que habitaban Judea habían estado durante siglos bajo el dominio de otras naciones.

Los días gloriosos de Israel bajo el rey David eran un recuerdo lejano.

El pueblo de Belén era más conocido por su asociación con el venerado rey David, de ahí su título: «Ciudad de David». Belén fue el lugar donde Samuel ungió a David como rey después de que Dios rechazara al rey Saúl por su desobediencia. El profeta Miqueas predijo que Belén sería el lugar de nacimiento de un Mesías o «Ungido» que rescataría a su pueblo.[6]

Los judíos disfrutaban alguna medida de autogobierno y de importantes libertades aun bajo el gobierno romano. Podían conservar sus trabajos; por ejemplo, los pastores cuidaban sus rebaños en colinas cercanas sin interferencia alguna. Los judíos podían observar sus prácticas religiosas, construir sinagogas y mantener el templo en Jerusalén. Los jóvenes no eran reclutados para la milicia romana.

Israel estaba ocupado por la fuerza militar más poderosa de la época. Las tácticas militares de la legión romana han influido el pensamiento de los más grandes generales de la historia y aún se enseñan en institutos y academias militares de todo el mundo. En muchas ocasiones Hollywood ha creado películas que describen el poder del ejército romano durante esta época.

Los ciudadanos judíos aprendieron a vivir bajo el dominio romano. Pero había una minoría de fanáticos disidentes, los zelotes,. que buscaban derrocar el gobierno porque consideraban una traición contra Dios pagar tributo al emperador de Roma, ya que sólo Dios era el Rey de Israel.[7] Por tanto, el verdadero problema entre los judíos y los romanos era su distinta comprensión de Dios. Los romanos celebraban la tolerancia como lo hace Estados Unidos hoy día, asimilando las religiones de los territorios conquistados y recibiendo con agrado muchos ídolos paganos. Los romanos hasta dieron categoría de deidades a algunos de sus gobernantes, incluyendo a Augusto, quien era emperador en esta época.[8]

Los judíos del siglo primero esperaban el día en que un «rey de los judíos» (un poderoso salvador) restauraría el reino de Israel y expulsaría los ejércitos que los dominaban.

Antes de la llegada del Señor Jesucristo había muchas descripciones y nombres dados al Mesías venidero: Emanuel (que significa Dios con nosotros), Maravilloso Consejero, Poderoso Dios, Padre eterno, Príncipe de paz, Gran Luz, Rey justo, Siervo divino, Elegido, Deleite del alma de Dios, Dador de ley, Liberador, Brazo del Señor, Portador de cargas, Salvador sufrido, Portador del pecado, Intercesor, Predicador ungido y Poderoso Salvador.[9] Aquí vemos otra vez la importancia de un nombre.

¡No es de extrañar que los judíos esperaran a Aquel que llegaría a rescatarlos!

RECIBIMIENTO AL PORTADOR DEL NOMBRE

Es conocida por nosotros la historia de un carpintero llamado José que estaba comprometido con una joven virgen llamada María. Quizás tendemos a saltarnos muy rápidamente el memorable instante en que Dios dijo a una doncella judía común que daría a luz al Prometido de Israel. La joven fue la primera en saber el nombre que Él habría de llevar.

El ángel Gabriel visitó a María en el humilde pueblo galileo de Nazaret, situado aproximadamente a ciento cincuenta kilómetros al norte de Belén. Nazaret, que se asentaba en un valle elevado a cuatrocientos metros sobre el nivel del mar, dominaba el camino principal que unía a Damasco con la costa mediterránea y Egipto. Esta no era una villa «campechana» sino un lugar donde se obtenían con facilidad las últimas noticias del día.[10]

María, una virgen, había recibido la promesa de casarse con José. Dios, por medio del Espíritu Santo, formó y plantó en el vientre de ella la vida de su Hijo. Cuando José descubrió que María, que era su prometida, estaba encinta, decidió, por ser un hombre justo, terminar en secreto la relación para no avergonzarla y someterla al desprecio público. En medio de la noche se le apareció un ángel del Señor, Gabriel, y le dijo: «José, hijo de David, no temas recibir a María tu mujer, porque lo que en ella es engendrado, del Espíritu Santo es. Y dará a luz un hijo, y llamarás su nombre Jesús, porque Él salvará a su pueblo de sus pecados».[11]

En algún momento después de la visita de Gabriel, María fue a ver a su parienta Elisabet, quien de modo milagroso debido a su edad avanzada estaba esperando un hijo a quien llamarían Juan. De manera asombrosa cuando María entró a la casa de su parienta, el bebé de Elisabet «saltó» en su matriz.[12] ¡Imagíneselo! El mismo bebé que llegaría a ser conocido como Juan el Bautista, sin haber nacido aún, reconoció la presencia del Nombre más grande en el cielo y la tierra.

Fue como si el diminuto cuerpo de Juan exclamara: «¡Por supuesto! ¡Alabado sea Dios porque Él está aquí! No puedo esperar a salir para entrar al mundo. Algún día bautizaré en el Río Jordán y Él acudirá a mí. No puedo esperar a preparar el camino para el Redentor».

Juan nació para un propósito únicamente: preparar el camino para el Señor.[13] ¡Aun antes de su nacimiento parecía que Juan estaba empezando su misión!

La historia de lo que le sucedió después a Juan nos ayuda a entender con claridad lo que puede significar representar a Jesucristo. Cuando usted se convierte en su seguidor debe renunciar a sus derechos de hacer que la vida se desarrolle como podría querer. Después de ese dramático día en que Juan bautizara a Jesús, su ministerio comenzó a declinar. Antes de que empezara el ministerio público de Jesús, Juan atraía multitudes mientras predicaba. Sin embargo, cuando Jesús comenzó a predicar en las mismas áreas y a realizar milagros espectaculares, las multitudes ya no acudían a Juan.

Juan conocía su papel y obedeció a Dios al ceñirse a ese papel. Cuando alguno de sus seguidores se quejó de que Jesús se estaba tomando el primer plano, Juan alabó a Jesús y simplemente dijo: «Es necesario que Él crezca, pero que yo mengüe».[14]

Las circunstancias empeoraron para Juan. Fue lanzado en la cárcel por criticar la inmoralidad del gobernador judío Herodes. La vida en prisión era difícil para Juan, estaba encerrado en una mazmorra oscura y húmeda, creo que privado de alimentos, y torturado incesantemente. A medida que pasaba el tiempo parece que Juan tuvo algunas dudas sobre si Jesús era realmente el Cordero de Dios. ¿Simplemente cuán exactos eran los informes que estaba escuchando acerca de Jesús? No había noticieros por cable para observar los hechos a medida que sucedían.

Juan envió a dos de sus seguidores a preguntar directamente a Jesús: «¿Eres tú aquel que había de venir?» Jesús les dijo que regresaran y le dijeran a Juan: «Los ciegos ven, los cojos andan, los leprosos son limpiados, los sordos oyen, los muertos son resucitados, y a los pobres es anunciado el evangelio».[15] Luego Jesús dijo de Juan: «Entre los que nacen de mujer no se ha levantado otro mayor que Juan el Bautista; pero el más pequeño en el reino de los cielos, mayor es que él».[16]

Creo que cuando los amigos de Juan regresaron con este informe, hubo un ruidoso «¡Amén! ¡Alabado sea el Señor! ¡Aleluya!» que hizo eco en su celda de la prisión. Después Juan pagaría el último precio por su fidelidad a la Palabra de Dios cuando Herodes lo hizo decapitar para agradar a su malvada esposa.[17]

Juan el Bautista confrontó el pecado y dijo la verdad, y esto le costó la propia vida. El propósito de su vida era preparar el camino del Señor.

¿Recuerda a Cassie Bernall, la valiente mártir del Colegio Columbine? ¿Es posible que su propósito en la vida fuera declarar: «Por supuesto, ¡creo en Dios!», palabras que resonarían en los corazones e incluso en los pasillos escolares de esta nación y de todo el mundo? Aun muerta, la voz de Cassie será oída por generaciones. Instantes después de que las balas terminaran con su vida terrenal, creo que ella escuchó una hermosa voz que expresaba las palabras más preciosas de todas:

«Bien, buena sierva y fiel». Y cuando el hacha del verdugo cayó en la nuca de Juan el Bautista, creo que escuchó esas mismas palabras valiosísimas: «Bien, buen siervo y fiel».

CÓMO RECIBIR SU NOMBRE

Aquel que salva a su pueblo de sus pecados nació en el hogar de un carpintero. El mayor «derecho de fama» de José hasta este momento era su membresía en la principal línea de sangre de Israel, pues era descendiente de la casa de David. ¿No es de gran interés que Dios colocara a su Hijo, quien creó el universo y todas las cosas, en el hogar de un carpintero, un constructor? Además, después en la vida, cuando Jesús comenzó su ministerio, fortaleció espiritualmente a sus discípulos, una tarea que aun hace hoy día para edificar a su Iglesia.

El Rey de gloria pudo haber preferido nacer en la familia de un científico, un médico o un líder político. ¿O qué tal ser el primogénito de un gran rabino, no habría sido eso adecuado? Sin embargo, Jesús vino humildemente para experimentar la vida humana en la tierra de tal modo que pudiera relacionarse con nuestras tristezas y alegrías, y para vivir en obediencia a los mandatos del Padre.

Todo desde el milagroso nacimiento de Cristo hasta su resurrección fue extraordinario. A Jesús, nuestro Salvador, se le dio un nombre santo y magnífico, escogido por su Padre celestial y proclamado por el ángel Gabriel. El nombre también era perfecto, como sucedió con todo lo demás en su nacimiento. Salvar a otros era precisamente el destino para el Santo de Dios que se formaba en el vientre de María.

Aunque conocemos muy bien la historia de la primera Navidad, sólo podemos tener una idea de cómo fue realmente esa noche. Me interesan sobremanera los pensamientos y las sensaciones de esta pareja especial que cargaba en sus brazos al niño que cambiaría para bien y para siempre a nuestro mundo. El Nombre había llegado. Pienso que en algún momento, quizás con sonrisas de conocimiento, José y María se miraron y dijeron con reverencia: «Su nombre es Jesús».

9

LA EXPANSIÓN

El suceso más fascinante de todos los tiempos es cómo el Nombre de Jesucristo se expandió alrededor del mundo desde el pueblo judío de Belén. Piense en esto: Él ha trascendido fronteras, y su amor ha roto las barreras de razas, culturas e idiomas. Su nombre ha dominado todo siglo y ha cambiado el curso de la historia.

Piense en lo que Cristo hizo: dejó su hogar celestial, en obediencia a su Padre, y vino a esta tierra para vivir y ser uno de nosotros. Recuerde que era Dios en forma humana, Emanuel, Dios con nosotros. Sus motivos serían mal interpretados. Jesús sufrió voluntariamente para identificarse con nosotros. Su propósito total y su razón de venir fue darnos todo, incluso su preciosa sangre y su vida.

Tal es la historia de aquellos que de generación en generación impulsaron fielmente el nombre de Jesús, comenzando con la gran comisión dada a los discípulos, quienes fueron de muchas maneras los primeros en una enorme lista de misioneros.

¿Qué se requiere para representar el nombre del Señor Jesús? Total compromiso, obediencia a toda prueba, y sacrificio personal: estar completamente entregado a su causa.

Las palabras anteriores describen con seguridad al Señor Jesús y a su ministerio. Él sabía que el mundo era territorio hostil para quienes aman y obedecen a Dios. El diablo, por medio de sus agentes, buscó hacer daño a Jesús desde el momento en que vino a la tierra. Herodes, títere gobernante romano de Judea, intentó eliminar cualquier competencia para su reino con el asesinato de todos los niños varones nacidos en Belén. Si José no hubiera escuchado lo que el ángel del Señor le dijo en un sueño, y si no hubiera escapado a Egipto con María y Jesús, ¿qué le habría ocurrido al Cordero de Dios?

Poco sabemos de los treinta años de la vida de Jesús que precedieron su bautismo por Juan. Casi todo lo que hizo y dijo desde el principio de su ministerio público provocó controversia y conflicto con los líderes religiosos y con algunos de sus propios familiares terrenales; hasta su primer milagro, cuando convirtió el agua en vino en Caná, fue controversial.

> Se hicieron unas bodas en Caná de Galilea; y estaba allí la madre de Jesús. Y fueron también invitados a las bodas Jesús y sus discípulos. Y faltando el vino, la madre de Jesús le dijo: No tienen vino. Jesús le dijo: ¿Qué tienes conmigo, mujer? Aún no ha venido mi hora.[1]

El Dr. J. Vernon McGee, uno de los grandes maestros bíblicos del siglo veinte, señala algunos puntos interesantes en su estudio *A través de la Biblia:*

> Cuando el ángel Gabriel se le apareció [a María] y le dijo que iba a dar a luz al Mesías, surgió de ella la pregunta acerca del nacimiento virginal: «¿Cómo será esto? pues no conozco varón» (Lucas 1.34). Gabriel clarificó que el Espíritu Santo llegaría sobre ella y que lo concebido en ella era santo. María mostró su fe y sumisión cuando dijo: «He aquí la sierva del Señor» (v. 38). A partir de ese momento, y durante los años siguientes, siempre hubo dudas acerca de su

virginidad. La verdad es que las personas hacían preguntas acerca de Jesús. Esto es lo que María dijo realmente a Jesús: «He aquí tu oportunidad de realizar un milagro y demostrar que tuve razón al decir que tu concepción fue virginal y que eres Aquel quien he proclamado que eres» ... Ella le pide aquí a Jesús que haga algo que demuestre quién es, para así limpiar su nombre. Él le dice que hará exactamente eso, limpiará su nombre, pero que aun la hora no había llegado.[2]

Tres años después, mientras colgaba de la cruz, Jesús dijo a su madre: «He ahí tu hijo». En este momento había llegado su hora. Su obra estaba hecha. La tarea de redimir al hombre pecador para un Dios santo se había realizado y ahora el nombre de ella quedaría limpio. Así lo dijo el Dr. McGee: «Su [de Jesús] resurrección probó quién es Él».

A pesar de la controversia y la oposición, Jesús logró en sólo tres cortos años todo lo que el Padre le había pedido que hiciera. El alcance de su ministerio estaba limitado a un área pequeña de aproximadamente veintiséis mil kilómetros cuadrados, casi el equivalente de un pequeño estado.[3] La tarea de llevar al resto del mundo las buenas nuevas del Nombre se dejaría a sus seguidores. Él les advirtió que hacer esto en su nombre traería oposición, resentimiento y hasta la muerte. Una vez Jesús dijo a sus discípulos: «Si a mí me han perseguido, también a vosotros os perseguirán; si han guardado mi palabra, también guardarán la vuestra. Mas todo esto os harán por causa de mi nombre, porque no conocen al que me ha enviado».[4]

Jesús también hizo una promesa increíble, una oportunidad de obtener acceso y el favor del Dios Todopoderoso a causa de su nombre: «De cierto, de cierto os digo, que todo cuanto pidiereis al Padre en mi nombre, os lo dará».[5]

Esas palabras, que fueron ciertas cuando Jesús las dijo hace dos mil años, hoy día son verdaderas y lo serán mañana y siempre.

En este capítulo quiero dar una versión abreviada de cómo el nombre más poderoso ha avanzado prácticamente desde un pequeño pueblo en Judea, hasta los confines de la tierra.[6] Esta de ninguna manera es una lista completa, pero contiene breves reseñas de algunas personas grandiosas que han sido responsables de extender el nombre del Señor Jesucristo. Veremos cómo Dios las utilizó y cómo podría usarlo a usted. Todos son representantes de millones que han dado obedientemente sus vidas al servicio del Rey.

PABLO

Sin duda el más grande misionero de todas las épocas fue el hombre llamado Saulo (más tarde Pablo), quien inició su carrera como un perseguidor de la iglesia. Saulo era uno de los principales fariseos que una vez hizo campaña para oponerse a las sectas blasfemas y dar caza a los cristianos, meterlos en prisión e, idealmente, buscar su ejecución. La Biblia señala que Saulo consintió con el apedreamiento de Esteban, el primer mártir cristiano, y guardó la ropa de quienes lo mataron.[7] Mientras iba de viaje a perseguir y capturar cristianos en Damasco, Saulo fue rodeado por una luz del cielo. Cayó de rodillas y el Señor Jesús le dijo: «Saulo, Saulo, ¿por qué me persigues?» En segundos, el más grande opositor de la iglesia primitiva quedó ciego, sumiso y dócil: «¿Qué haré, Señor?»[8] Finalmente Dios le dijo que era instrumento escogido y que debía «llevar mi nombre [el de Cristo] en presencia de los gentiles, y de reyes, y de los hijos de Israel». También le dijo cuánto padecería «por mi nombre».[9]

Poco después Pablo, el ex fariseo, volvía a las sinagogas predicando que Cristo era el Hijo de Dios. Este fue el principio del ministerio misionero del apóstol. Él dirigiría el avance inicial del Nombre, llevando a cabo cuatro peligrosos viajes misioneros.

Me gusta pensar de Pablo como el discípulo que realmente reemplazó a Judas, quien traicionara a Jesús y después se ahorcara. Sé que los demás discípulos echaron suertes y escogieron a un hombre llamado Matías para que ocupara el puesto. Pero después de esto no leemos nada más acerca de Matías. Sin embargo, el Señor Jesús, exactamente como hizo con los doce discípulos originales, llamó a Pablo en el camino a Damasco.

Pablo fue un testigo valiente y apasionado del evangelio. Una vez resumió el precio que debió pagar por presentar a Cristo:

Yo más; en trabajos más abundante; en azotes sin número; en cárceles más; en peligros de muerte muchas veces. De los judíos cinco veces he recibido cuarenta azotes menos uno. Tres veces he sido azotado con varas; una vez apedreado; tres veces he padecido naufragio; una noche y un día he estado como náufrago en alta mar; en caminos muchas veces; en peligros de ríos, peligros de ladrones, peligros de los de mi nación, peligros de los gentiles, peligros en la ciudad, peligros en el desierto, peligros en el mar, peligros entre falsos hermanos; en trabajo y fatiga, en muchos desvelos, en hambre y sed, en muchos ayunos, en frío y en desnudez; y además de otras cosas, lo que sobre mí se agolpa cada día, la preocupación por todas las iglesias.[10]

Pablo se metía a menudo en problemas y finalmente caía en la cárcel, donde presentaba valientemente el nombre de Cristo a sus compañeros de celda y a sus captores. Amaba a quienes había servido y derramaba su corazón, su sabiduría y su consejo en cartas que escribió a las iglesias. Igual que su Maestro, Pablo terminó su vida terrenal derramando su sangre. Según la tradición, el apóstol fue decapitado por su fe durante la despiadada persecución de cristianos realizada por el emperador romano Nerón.[11]

Todo cristiano que viva alguna vez tiene una deuda con este

valiente y osado misionero del evangelio. Dios usó la experimentada comprensión que Pablo tenía de las Escrituras, su brillantez y su apasionado amor por el Señor para expresar por escrito mucho de lo que debemos entender acerca de Dios y de sus caminos.

GEORGE WISHART

Demos un salto varios siglos en la historia para contar las vivencias del mártir escocés George Wishart; pero antes permítame llenar unos pocos espacios.

Puesto que la iglesia nació durante el gobierno romano sería inevitable que la extensión del evangelio fuera obstaculizada o apoyada por esta superpotencia. Casi desde el principio los romanos consideraron a la Iglesia Cristiana como un problema y terminaron persiguiendo a los cristianos por doscientos cincuenta años. Durante este período hubo muchos mártires por la fe, pero en realidad la iglesia crecía en fortaleza y cantidad. Entonces en un giro de ciento ochenta grados en la posición oficial, en el año 313 d.C., el emperador romano Constantino dio a los cristianos libertad de adorar. Aproximadamente ochenta años después el cristianismo se convirtió en la religión oficial del Imperio Romano.

Este cambio de acontecimientos fue una bendición mezclada. El desplazamiento de los cristianos de una minoría marginada a ser parte de la categoría oficial hizo que muchos perdieran su condición espiritual. Algunos creyentes vieron la necesidad de apartarse para mantener su fuego. Esto sucedió dentro de la iglesia, al igual que ocurrió durante la Reforma, en que «protestadores» se salieron de la Iglesia Católica Romana para convertirse en Protestantes. Más tarde en la historia de la iglesia a los creyentes les disgustaron los chanchullos y la contaminación política de la fe que se originó cuando el cristianismo se convirtió en la religión estatal oficial.

George Wishart era un misionero en su propio país. Igual que otros en la historia, presentó a su generación la verdad bíblica y la fe cristiana pura. Ya he mencionado mis orígenes familiares en Escocia, por tanto me siento orgulloso de mis antepasados en esa tierra, que se negaron a reconocer al rey de Inglaterra como cabeza de la iglesia. Solamente se inclinarían ante Jesucristo como cabeza, y por eso muchos fueron perseguidos.

Aunque Wishart no es uno de mis parientes, su historia es una de mis favoritas porque defendió la verdad con valentía y firmeza. George fue profesor en la Universidad de Cambridge, y tenía creencias que ofendían a la iglesia oficial. Al negarse a abjurar fue arrestado en 1543 y encarcelado con cadenas bajo acusación de herejía. Su defensa era tan eficiente que a quienes estaban en autoridad les preocupaba que, si le daban la oportunidad de hablar, muchos adoptaran sus puntos de vista.

Wishart encontró la manera de salirse de las garras de las autoridades religiosas. Una vez dijo a sus acusadores: «Sus doctrinas están llenas de blasfemias y de palabras abominables que vienen del diablo. Ustedes deberían conocer mi doctrina para que yo no muera injustamente y arriesguen sus propias almas».[12]

George Wishart fue sentenciado a morir ahorcado. Entre sus últimas palabras a sus partidarios antes de ser conducido a la horca dijo: «No temo este fuego fatal. Si a ustedes les llega persecución por el bien de la Palabra, no teman a quienes matan el cuerpo pero no pueden matar el alma. Esta noche cenaré con el Señor».

Siguiendo entonces el ejemplo del Señor Jesús en la cruz, Wishart pidió a Dios que perdonara a quienes lo habían condenado. De modo asombroso, el verdugo se arrodilló ante él y le pidió que lo perdonara por participar en la ejecución. Wishart le pidió al verdugo que se acercara, lo besó en la mejilla y le dijo: «Esto es una prueba de mi perdón. Haz tu trabajo».

El hombre cumplió con su trabajo, y George Wishart entró a la eternidad para cenar con el Señor Jesús.

En todos los continentes las tumbas salpican el paisaje donde los mártires pagaron con su sangre la extensión del evangelio. Todos los que profesan lealtad a Cristo deben estar listos a la noticia del momento para hacer lo mismo, con el fin de tener convicción como el apóstol Pablo, quien dijo: «Estoy dispuesto no sólo a ser atado, mas aun a morir en Jerusalén por el nombre del Señor Jesús».[13] El Apocalipsis, último libro de la Biblia y revelación del Señor Jesucristo, escrito por el apóstol Juan, clarifica que la noticia de tal sacrificio no se desconoce en el cielo:.

> Cuando [Jesús] abrió el quinto sello, vi bajo el altar las almas de los que habían sido muertos por causa de la palabra de Dios y por el testimonio que tenían.
>
> Y clamaban a gran voz, diciendo: ¿Hasta cuándo, Señor, santo y verdadero, no juzgas y vengas nuestra sangre en los que moran en la tierra?
>
> Y se les dieron vestiduras blancas, y se les dijo que descansasen todavía un poco de tiempo, hasta que se completara el número de sus consiervos y sus hermanos, que también habían de ser muertos como ellos.

No sé usted, pero cuando leo eso se me pone la piel de gallina; estos valientes seguidores del Señor Jesús son tan valiosos para Dios que su número ya ha sido predeterminado. Más adelante leemos en Apocalipsis que quienes fueron «decapitados por causa del testimonio de Jesús y por la palabra de Dios» reinarán «con Cristo mil años».[15]

Ninguno de nosotros quiere perder «prematuramente» la vida, pero perderla por causa de Cristo no es perderla en realidad. Jesús dijo: «El que halla su vida, la perderá; y el que pierde su vida por causa de mí, la hallará».[16]

Jim Elliot, uno de los más grandes misioneros del siglo pasado en Ecuador, quien sufrió martirio por su fe, escribió en su diario: «No es tonto quien da lo que no puede guardar para obtener lo que no puede perder».[17]

WILLIAM CAREY

A finales del siglo dieciocho comenzó a encenderse en el Reino Unido un gran fervor misionero. Un hombre que se dedicaba a comerciar calzado, William Carey, surgió como el líder de este movimiento para extender las buenas nuevas de Jesucristo.

Cuando Carey era un joven aprendiz del comercio de calzado, un colega llamado John Warr habló con él del evangelio de modo fiel e insistente. William resistió la atracción y la convicción del Espíritu Santo, pero finalmente suavizó su corazón y llegó a Cristo. Se dedicó al estudio de la Biblia, y laborando todavía como zapatero pastoreaba una pequeña iglesia. Por sobre todo le encantaba hablar del evangelio y ver personas llegar a Cristo.

Hoy nos podría sorprender, pero en la época de Carey, al menos en los círculos protestantes, no se apoyaba ampliamente la idea de enviar misioneros a tierras extranjeras. Carey no podía entender esta actitud, porque Dios había encendido en su alma las palabras de Isaías 54.5: «Dios de toda la tierra será llamado».

Un día en una reunión de pastores William opinó que la gran comisión dada a los apóstoles debería ser un mandato para toda generación. Uno de los hombres que escuchaban lo interrumpió: «Siéntate, jovencito, siéntate y cállate. Cuando Dios quiera convertir a los paganos, lo hará sin consultarnos a ti ni a mí».[18]

Carey salió respetuosamente de la reunión, pero nunca se apagó su deseo de alcanzar a los perdidos en «naciones paganas». Por ocho años estudió las naciones no alcanzadas del mundo y como resultado publicó un panfleto titulado «*The Enquire*» [La indagación]. En él escribió: «¡De seguro vale la pena gastarnos con todas nuestras fuerzas en la promoción del reino de Cristo!»

Carey hizo público, en un apasionado discurso, un sonado desafío que aun hoy día motiva a los cristianos: «Espera grandes cosas de Dios. Intenta grandes cosas para Dios». Su santo entusiasmo animó a los pastores a iniciar una «sociedad bautista para la propagación del evangelio entre los paganos». Este fue el inicio del movimiento misionero moderno como lo conocemos hoy.

Sin embargo, para William Carey no era suficiente hablar del avance del evangelio. Dios en realidad lo llamó a ir a la India. Cuando él y su familia llegaron a Calcuta en 1793, fue testigo de una desesperada situación espiritual del pueblo hindú. Los hindúes mostraban enorme devoción a los dioses paganos. Devotos de esas religiones se tendían en camas de clavos, miraban al sol hasta quedar ciegos, se incrustaban en la piel enormes ganchos para colgar de ellos, y quemaban viudas en las piras fúnebres de sus esposos.

Después de aprender el idioma, William comenzó con entusiasmo a hablar del Señor al pueblo hindú. Pero la India era un lugar espiritualmente lúgubre y duro. ¡Pasaron siete años antes de que se convirtiera alguien! A partir de entonces la iglesia comenzó a crecer lentamente.

A pesar de las grandes aflicciones personales (al perder prematuramente dos esposas y un hijo), Carey utilizó su facilidad para los idiomas en la traducción de toda la Biblia, o parte de ella, a treinta y cuatro idiomas distintos. Estaba sumamente dedicado a ayudar al pueblo hindú en todas las maneras que los beneficiaran. Entre sus logros hubo avances en la agricultura y horticultura, la apertura de una imprenta, la introducción del primer motor de vapor en la India, y el inicio de la manufactura de papel en gran escala.

Quizás el logro más importante para la cultura hindú fue luchar contra el suti (práctica de quemar a las viudas para que, según sus creencias paganas, ellas pudieran ir al mundo espiritual a ayudar a sus esposos). Carey luchó contra esa práctica por treinta y cinco años, y poco antes de su muerte se llenó de júbilo cuando el gobierno de la colonia británica finalmente la prohibió.

Aunque Carey logró mucho en su vida por la causa de Cristo, sus conquistas a menudo no eran llamativas ni llegaban pronto. En realidad se consideraba a sí mismo un trabajador de todos los días; fielmente daba un paso a la vez. Hay una lección en eso para quienes queremos rápidos resultados.

He visitado Calcuta y he estado en la iglesia de Carey. Aunque el pueblo hindú aun lucha con religiones paganas, la luz del Señor Jesús brilla en esta tierra extensa. Toda generación debe apoderarse de la súplica convincente de Carey de predicar el evangelio para hacer avanzar el nombre de Jesucristo.

Carey no regresó a Inglaterra. Por más de cuarenta años se dio al pueblo hindú y a su nación adoptada. Él era un hombre humilde. Exactamente antes de su muerte en 1834 le dijo a un amigo: «Has estado hablando mucho del Dr. Carey y su obra. Por favor, después de mi muerte no hables del Dr. Carey sino de mi maravilloso Salvador».[19]

DAVID LIVINGSTONE

En mis años de trabajo con *Samaritan's Purse* he entrecruzado África en aviones comerciales y misioneros. Cuando usted mira desde lo alto esta vasta tierra de selva, sabana, desierto y montañas, no puede menos que preguntarse, ¿cómo la atravesó Livingstone a pie? Simplemente, ¿cómo lo hizo sin herramientas modernas de navegación ni transporte motorizado?

Seguramente uno de los más grandiosos representantes de Jesucristo en todos los tiempos fue el médico misionero y explorador David Livingstone. Nacido en Escocia en 1813, David se crió en una familia piadosa. De joven trabajaba jornadas de doce horas en una fábrica de tejidos de algodón, y estudiaba la Biblia y otros libros mientras se sentaba a la rueca. Después de recibir capacitación como médico oyó hablar al gran misionero, el Dr. Robert Moffat de África. Durante el mensaje el Espíritu Santo avivó en el corazón del joven David una llama de celo por los perdidos cuando oyó decir al Dr. Moffat: «A veces he visto, al sol de la mañana, el humo de miles de aldeas donde nunca ha estado un misionero».[20]

David Livingstone manifestó: «Estoy dispuesto a ir a cualquier lugar donde sea enviado».

Esta visión de un continente salvaje e inexplorado lleno de personas que nunca habían oído del Señor Jesús motivó a Livingstone el resto de su vida.

David se embarcó para África en 1841 y al llegar inmediatamente se trepó a un carromato halado por bueyes para hacer un viaje de mil cien kilómetros hasta una estación misionera. Luego viajó a una aldea más remota y se estableció en la tribu Bakwena, «el pueblo del cocodrilo». A los seis meses David había dominado suficiente el idioma como para hablar y predicar el evangelio, llevando a muchos a Cristo.

Livingstone siempre tuvo hambre de llevar el evangelio a lugares remotos nunca antes visitados por ningún extranjero, mucho menos por un misionero. Cuando forzaba su andar por selvas, planicies y desiertos en su carromato halado por bueyes, a menudo multitudes se apiñaban alrededor en busca de sanidad del «médico blanco».

Cada día traía peligro de muerte. En un lugar llamado Mabotsa encontró a los aldeanos aterrados por una enorme población de leones. David pensó que si lograba matar un león, los demás quizás dejarían en paz a los rebaños y al ganado de la aldea. Con el arma en la mano, Livingstone y varios aldeanos armados con lanzas buscaron un león enorme que descansaba detrás del follaje. David hizo fuego con los dos cañones, pero cuando se disponía a cargar de nuevo, el león herido atacó, agarrando a Livingstone por el hombro, sacudiéndolo como a una muñeca de trapo, desgarrándole el brazo y destrozándole el hueso. Varios nativos corrieron de prisa hacia la bestia, lo cual distrajo al animal de la atención que tenía sobre el misionero. El león cayó antes de que alguien resultara muerto, pero el brazo de David nunca sanó por completo, dejándolo con restricción de movimiento y con dolor el resto de su vida.

Mientras David estaba en África se casó con la hija de un misionero. Continuaron juntos sus esfuerzos evangelísticos, y aun con responsabilidades familiares, David no dejaba pasar oportunidad de llevar las buenas nuevas de Cristo a tribus lejanas. Después de que nacieran tres hijos, toda la familia Livingstone trató de atravesar el desierto Kalahari, uno de los paisajes más duros del planeta. En una sección desolada no vieron ninguna señal de vida, y habiéndose acabado el agua, siguieron adelante por cuatro días con los niños llorando de sed. Cuando todos estaban desesperadamente enfermos se vieron obligados a regresar. Uno de los niños murió a causa de esta experiencia.

Debido a tales riesgos horribles, David decidió enviar a su familia a Inglaterra, sabiendo que podrían pasar años antes de verla otra vez.

Con su familia a salvo, David empezó una serie de exploraciones a otras partes desconocidas de África. Una y otra vez se aventuró en el interior de selvas donde ningún hombre blanco había pisado. En un prolongado viaje, durante el cual luchó con enjambres de zancudos, encontró bestias salvajes hambrientas, y se enfermó de fiebre treinta y una veces, David y sus guías viajaron por seis meses para completar un recorrido de dos mil cuatrocientos kilómetros hasta la costa opuesta. Luego, después de una corta estadía, ¡dieron la vuelta y regresaron!

Habiendo viajado en la misma región en un Land Rover encontré casi incomprensible que Livingstone caminara mucho del mismo territorio. Con seguridad era un hombre apasionadamente comprometido con la expansión del evangelio. Una vez dijo: «¿No puede el amor de Cristo llevar misioneros adonde el comercio de esclavos lleva al comerciante?»

Más que ningún otro factor, fue el malvado comercio africano de esclavos lo que quebrantó el corazón de David Livingstone hasta el punto que estuvo dispuesto a morir por ver «libres a los cautivos».

Después de cinco años de exploración y expansión del evangelio, Livingstone finalmente tomó un barco para ver a su esposa Mary y a su familia. Después de tomarse unos pocos meses de descanso y recuperación, David, Mary y su hijo menor regresaron al África. La salud de Mary nunca fue lo suficientemente buena para las condiciones extremas, y después de una breve enfermedad murió y fue enterrada en el desierto africano. Aun en medio de su dolor, Livingstone no abandonó su visión de conquistar a África para el Nombre. Después de otra visita a Inglaterra para ver a sus hijos y conseguir apoyo contra el comercio de esclavos, regresó al África, donde visitó en Zanzíbar un mercado de esclavos. Allí vio trescientos africanos encerrados esperando ser vendidos, y trescientos más que llegaban al pueblo.

David se fue de nuevo al interior. Veía el comercio de esclavos como uno de los males de su época. En una ocasión encontró una enorme fila de adultos y niños encadenados entre sí, con los armados conductores de esclavos arreándolos como animales hacia el mercado de esclavos. Cuando los comerciantes vieron a Livingstone, conociendo su feroz oposición a su negocio, corrieron a internarse en la selva. Este valiente misionero tuvo entonces la alegría de cortar las cadenas de ochenta y cuatro esclavos y liberarlos. Más tarde hablaría del evangelio con muchos de ellos y los vería recibir la libertad definitiva de su esclavitud espiritual al pecado.

Livingstone escribió en su diario el día en que cumplía cincuenta y nueve años: «Mi Jesús, mi Rey, mi Todo; otra vez dedico a ti todo mi ser». Menos de dos meses después se enfermó gravemente. En una diminuta aldea en lo profundo del continente que amaba mucho, cayó de rodillas para orar, como era su costumbre. Así lo encontraron sus amigos africanos el 4 de marzo de 1873, aun de rodillas. Se había ido con el Señor mientras derramaba su amor por África con su aliento final.

Los africanos embalsamaron el cadáver de Livingstone para su largo viaje de regreso a Inglaterra. Sin duda conscientes de los deseos de David, no obstante, le sacaron el corazón y lo enterraron en tierra africana. Casi un año después sus restos fueron puestos con grandes honores en la Abadía Westminster de Londres, el lugar de sepultura de reyes, reinas y héroes británicos.

Aunque el explorador Livingstone nunca encontró el nacimiento del Nilo, como había esperado, durante sus casi cuarenta y siete mil kilómetros de caminar por África descubrió las Cataratas Victoria, cuatro lagos importantes, y gran cantidad de ríos. Sus informes añadieron aproximadamente un millón seiscientos mil kilómetros al mundo conocido.

Sin embargo, el más grande legado de Livingstone es el de alguien que extendió el Nombre de Jesucristo, como nadie más lo había hecho, en un continente con desesperada necesidad de la luz del evangelio. David dijo una vez: «Tengo corazón y alma de misionero. Dios tuvo un sólo Hijo, que fue misionero. Soy una mala imitación, pero en este servicio espero vivir, y en él espero morir».[21]

ELEANOR SOLTAU

La mayoría de las personas han oído de William Carey y de David Livingstone, pero una gran mujer de fe, Eleanor Soltau, trabajó fielmente en una época más reciente con un pueblo casi olvidado y en relativo anonimato.

Digo con orgullo que Eleanor fue una amiga íntima mía. Estoy seguro que muchas de sus oraciones fueron un factor decisivo para que yo volviera mi corazón otra vez a Cristo cuando estaba viviendo en rebeldía hace treinta años.

Eleanor era hija de misioneros en lo que ahora es Corea del Norte. Ella y mi madre se conocieron cuando las dos estudiaban en el mismo colegio para hijos de misioneros en Corea.

Ambas muchachas asistieron a la Universidad Weathon en Illinois. Después de graduarse, Eleanor fue a un instituto médico. En algún momento se convenció de que el Señor estaba llamándola a ser misionera entre los miembros de una tribu beduina del Oriente Medio, el cual no es el lugar más emocionante para que vaya una mujer. Eleanor fue obediente y con gran entusiasmo fue a Jordania a mediados de la década de los cincuenta para practicar medicina.

En la década de los sesenta le pidieron promover el desarrollo de un nuevo hospital en el desierto norteño de Jordania, en un lugar desolado llamado Al Mafraq, una aldea de casas hechas de adobe.

Una vez establecida en Jordania, Eleanor dejó atrás su relación con otras tierras y culturas. Se identificó completamente con su nuevo pueblo al aprender su idioma y sumergirse en su cultura y sus costumbres. Así es como sirvió y se entregó al avance del mensaje más grandioso de todos los tiempos por casi cuarenta años.

Cuando le llegaba la época de jubilarse, Eleanor no pensó en salir ni ir a alguna otra parte. Su vida se había consumido por esas personas. ¿Por qué dejarlas ahora? Jordania era su hogar.

Aunque estaba en sus setenta, a Eleanor le quedaba demasiada energía para continuar sirviendo al pueblo. Por consiguiente abandonó la idea de jubilarse y se mudó al sur del Jordán, ¡donde inició un nuevo hospital!

Poco tiempo después el Señor se llevó a Eleanor a estar con Él.

La muerte de Eleanor originó noticias en el Oriente Medio. A su funeral asistieron ministros del gobierno de Jordania, líderes de iglesias de toda la nación, miembros de la familia real, y centenares de personas corrientes a quienes ella había dado su vida. Esta honra se le confirió a una mujer cristiana en un país sumamente musulmán, una dama que décadas atrás había dejado todo para extender la causa de Cristo.

* * *

Estos santos dieron lo mejor de sí para responder al llamado: «Id y haced discípulos». Sin embargo, hoy día existen más personas que nunca que necesitan aceptar, con el debido conocimiento, al Señor Jesucristo como su único Salvador.

10

LA INVERSIÓN

«**P**ara ganar la copa tienes que volverte uno con el mar».

Me intrigó profundamente esta declaración, así como el hombre que la hizo.

Hace poco me invitaron a hablar en una reunión de filántropos congregados en un club exclusivo de Palm Beach, Florida. Gran cantidad de personas muy conocidas estaban sentadas en mi mesa, entre ellas un caballero, marino, que había capitaneado el bote que una vez ganara la competencia más prestigiosa de navegación a vela en el mundo: la Copa de América. Su nombre es Bill Koch.

A principio de la década de los noventa los marinos de Estados Unidos estaban ansiosos por retener la Copa de América en las competencias que se celebrarían en 1992. Aunque activo como marino por algunos años, el Sr. Koch no había competido antes a este nivel. Le hice una pregunta que mostró algunas revelaciones asombrosas del precio de hacer algo bien:

—¿Cómo se preparó usted para ganar la Copa de América?

—Nuestro bote permaneció en el agua durante dieciocho

meses, tiempo en el cual practicamos navegación a vela de diez a doce horas diarias, siete días por semana —contestó el Sr. Koch—. Durante toda la práctica sólo el día de Navidad no salió el bote. La rutina diaria no varió. Nos levantábamos a las seis de la mañana para dos horas de ejercicio, preparación y desayuno. A esto le seguía una hora de planificación para las prácticas del día. A eso de las nueve de la mañana el bote permanecía en el agua y practicábamos el rumbo por diez horas, regresando al muelle a las siete de la noche. La limpieza del bote duraba una hora. La merienda era a las nueve de la noche. A las diez de la noche una tripulación agotada se acostaba a dormir. Al día siguiente toda la rutina empezaba de nuevo. Debido a la rotación de los miembros de la tripulación de reserva, cada uno tenía un día libre aproximadamente cada diez días.

Durante mi conversación con el Sr. Koch me habló del triunfo de su equipo en la Copa de América de 1992.

Aun con este nivel de preparación, se consideraba que su bote tenía un tiro de cien a uno. El Sr. Koch no tenía habilidad, y varios de su tripulación no tenían experiencia en navegación a vela. Sin embargo, él triunfó usando lo que denominaba el enfoque «T3», que significaba *trabajo en equipo, tecnología* y *talento*. Bill Koch escribió en una ocasión que «la goma que mantiene unida a un equipo es un enfoque claro».[1]

Luego el Sr. Koch dijo algo que nunca olvidaré: «Para ganar la copa tienes que volverte uno con el mar».[2]

Mientras yo cavilaba en la increíble suma de compromiso, entrenamiento y trabajo en equipo que el Sr. Koch y su tripulación habían exhibido para ganar un gran premio, recordé al apóstol Pablo, quien dijo: «No que lo haya alcanzado ya, ni que ya sea perfecto; sino que prosigo, por ver si logro asir aquello para lo cual fui también asido por Cristo Jesús ... Yo mismo no pretendo haberlo ya alcanzado; pero una cosa hago: olvidando ciertamente lo que queda atrás, y extendiéndome a lo que está delante, prosigo a la meta, al premio del supremo llamamiento de Dios en Cristo Jesús».[3]

Se necesita más que valentía, osadía y sangre para hacer conocer el Nombre de Jesús en toda la tierra. Debemos estar dispuestos a invertir nuestros recursos más valiosos y a consumir esfuerzos constantes e intensos para hacer avanzar su Nombre hasta lo último de la tierra.

EL MAESTRO INVERSOR

¿Ha pensado usted alguna vez en la cantidad de personas que han vivido en los veinte siglos pasados? Teóricamente, ¿cuántas en realidad están entre usted y Jesucristo?

¿Respondería usted millones... o quizás miles de millones?

Admito que esto tiene algo de capcioso. Mi respuesta es: ¡Cerca de cuarenta personas lo separan a usted de Jesús! He aquí mi lógica:

Casi dos mil años han pasado desde que Cristo vino a redimir esta tierra para su Padre. Si el promedio de esperanza de vida de un individuo en esos siglos es de cincuenta años, eso significa que solamente cuarenta personas nos separan del tiempo de Cristo.

Sabemos que la mayoría de las personas, por un enorme margen, llegan a Cristo por el testimonio de alguien más. Dicha persona a menudo es un padre, un amigo íntimo, un colega, o incluso un orador o evangelista que presenta el evangelio.

Esto significa que si existieran archivos en la tierra, usted y yo podríamos idear una lista de aproximadamente cuarenta personas que serían nuestros antepasados, rastreando hasta el tiempo de Jesucristo y sus apóstoles. Por esto cada creyente debe tomar muy en serio la responsabilidad que Jesús dio a sus seguidores:

> Jesús se acercó y les habló diciendo: Toda potestad me es dada en el cielo y en la tierra. Por tanto, id, y haced discípulos a todas las naciones, bautizándolos en el nombre

del Padre, y del Hijo, y del Espíritu Santo; enseñándoles que guarden todas las cosas que os he mandado; y he aquí yo estoy con vosotros todos los días, hasta el fin del mundo. Amén.[4]

«Id» en realidad significa «inviértase usted mismo en otros, quienes a su vez harán lo mismo». Este modelo fue implementado por Jesús, el Maestro, al invertirse Él mismo en otros.

Al principio de su ministerio, Jesús seleccionó doce hombres para entrenarlos como su equipo. Estos reclutas no eran extraordinarios; la mayoría de ellos eran hombres nada especiales, pero sabían cómo trabajar. El Señor sabía que cualquiera que trabajara para Él tendría que estar dispuesto a laborar tiempo extra. ¡Eso no ha cambiado!

Los primeros seguidores de Jesús no fueron sino solamente doce. Hubo muchos discípulos (seguidores de Jesús), así como los hay hoy. Entre quienes siguieron a Jesús hubo profesionales como el Dr. Lucas, un médico; Mateo, un colector de impuestos; incluso Nicodemo, un fariseo que era uno de los líderes religiosos en Jerusalén. Algunos de estos discípulos eran extrovertidos y conocidos; otros eran discretos.

La estrategia de Jesús fue tomarse el tiempo adecuado (tres años) para entrenar a sus discípulos con el ejemplo. Los instruyó por medio de su predicación y enseñanza, y los comprometió en encuentros personales uno a uno en los cuales los confrontó, animó y consoló. Cuando Jesús decidió que estaban listos, los probó enviándolos de dos en dos en viajes de estudio para que pudieran aprender a ministrar por su cuenta. Los discípulos no viajaban juntos sino que formaban parejas e iban en direcciones distintas.

Ellos tuvieron éxito en el proceso, pero también experimentaron fracasos. Esto era parte de su proceso de aprendizaje, y sabían que cuando tuvieran problemas podían recurrir a Cristo, exactamente como podemos hacerlo hoy día.

Cuando estaba casi concluida la misión terrenal de Jesús, sus discípulos estaban listos para continuar el ministerio de su Maestro. Bueno, «listos» es una exageración. Después de su vergonzosa incapacidad de permanecer despiertos mientras Jesús oraba con agonía en Getsemaní, lo abandonaron masivamente cuando Él fue arrestado. Sin embargo, Jesús no renunció a ellos. Se les apareció otra vez después de su resurrección y mostró gran fe en ellos al confiarles la gran comisión. Les advirtió que sólo les faltaba algo: la presencia y el poder del Espíritu Santo. Ellos lo recibieron en Pentecostés, lo cual fue como un gran servicio de encomienda para lo que se convertiría en el ejército más poderoso jamás visto en la historia de la humanidad: la Iglesia.

Luego estos hombres escogidos, ungidos y entrenados por Jesús llevaron la esperanza de la cruz, el mensaje de la salvación, y el poder de la resurrección hasta lo último del mundo conocido, todo en el poderoso Nombre de Jesús.

Piense tan sólo en personas, padres, amigos, pastores, parientes, maestros, que se han invertido en nosotros.

Recuerdo durante mi crianza que mi madre no nos dejaba salir a jugar los domingos por la tarde hasta que pudiéramos recitar de memoria un versículo bíblico. Como padre hago cosas similares con mis propios hijos.

Mis padres han sido un ejemplo para mí toda mi vida. He observado a papá, por ejemplo, y no veo incongruencias entre su vida pública y privada. Eso ha influido en mí. Cuando murió el gran actor de películas de vaqueros, John Wayne, se citaron las palabras de uno de sus hijos: «El John Wayne que el mundo vio en la pantalla fue el mismo que vimos en casa». Eso también se aplica a mi padre. El Billy Graham que el mundo ha visto en público es el mismo que he visto en casa.

Cuando yo era niño, John Rickman, un hombre que nos ayudaba con los alrededores de la casa, invirtió en mi vida al enseñarme a pescar y a cazar. ¿Cómo sabría yo hacer esto si alguien no me hubiera enseñado? Lo mismo se aplica a nuestra vida espiritual. Debemos aprender de quienes nos han precedido. Una generación debe enseñar a la siguiente.

Cuando yo era adolescente, un hombre llamado Henry Holley, un capitán jubilado de la marina, ayudaba a mi padre a organizar campañas evangelísticas. Pasó horas invirtiendo en mí y enseñándome a memorizar versículos bíblicos. No fui un gran estudiante para Henry, pero esto es algo que ha permanecido conmigo con los años. Naturalmente, mis padres y mi familia hicieron una mayor inversión en mí, pero hay una enorme lista de individuos que también invirtieron en mi vida durante etapas distintas: mi pastor en la niñez, el Dr. Calvin Thielman; cuando yo era adolescente fue David Lee Hill; el Dr. Roy Gustafson; y a principios de mi ministerio fueron personas como el Dr. Bob Pierce, el Dr. Robert Thompson y el Rev. Guy Davidson. Cuando comencé a predicar, el Dr. John Wesley White fue de gran ayuda y ánimo para mí. Todos estos hombres grandiosos compartieron su tiempo conmigo, mostraron interés en mí, y me motivaron a hacer lo mismo: invertir en otros.

Vemos que los seguidores de Jesús también aprendieron la lección de «invertir en las personas».

Este principio es válido en toda generación. El apóstol Pablo, por ejemplo, siempre fue un capacitador. Llegaba a una nueva ciudad, hablaba del evangelio y reunía convertidos, establecía una iglesia y entrenaba líderes. Luego se iba y repetía el proceso en un nuevo lugar. Sin embargo, se mantenía en contacto con las iglesias por medio de cartas y visitas. La oración, el cuidado y la protección, y la capacitación nunca se detuvieron.

El principio de invertir en las personas se aplica a todas las áreas de la vida, incluyendo el lugar de trabajo. En *Samaritan's Purse* entrenamos personas, no sólo para que hagan su trabajo sino también para otras tareas. Esta es una inversión que nos cuesta tiempo y dinero, pero las recompensas son valiosas porque esas personas han sido entrenadas y vueltas a entrenar, y sabemos que en todo momento están preparadas para terminar lo que emprenden.

Cuando me involucré por primera vez en el ministerio de *Samaritan's Purse* había sólo dos empleados: una secretaria y yo. Los dos trabajábamos juntos para hacer todo lo que se debía hacer. Sin embargo, para crecer, tuvimos que contratar con el tiempo a otros y capacitarlos. Hoy día el ministerio se ha extendido a más de trescientas cincuenta personas solamente en nuestra oficina internacional.

Mi padre y mi madre viven tan profundamente la inversión en las personas, que edificaron un centro de capacitación en Carolina del Norte, llamado Centro de Entrenamiento Billy Graham en la Ensenada. Este es un ministerio de la Asociación Evangelística Billy Graham. Mi madre fue en realidad quien tuvo primero esta visión. Después de años de esperar y de orar al Señor por la idea, el centro se abrió en 1988 con el objetivo de capacitar hombres y mujeres en la Biblia y en técnicas de evangelización. Allí se ofrecen cada año casi cuarenta seminarios para entrenar a evangelistas, pastores y laicos para ser ganadores de almas en sus hogares, iglesias y negocios, con el fin de que el evangelio se transmita a otros. El centro también sirve de hogar a todos los ministerios de capacitación de la Asociación Evangelística Billy Graham en el mundo.

Hacer que se conozca el Nombre del Señor Jesucristo requiere inversión y capacitación, además de la inversión de nuestras vidas en su servicio.

¿QUÉ HARÁ EL NÚMERO CUARENTA Y UNO?

Si solamente cuarenta personas nos separan de Jesucristo, eso nos convierte en el número cuarenta y uno. ¿Tomaremos nuestras responsabilidades y dejaremos nuestra huella en esta herencia fabulosa de fe?

Agradezco a Dios por los miles que se sacrificaron, dando a veces su sangre, para asegurarse que muchos pudieran conocer al Señor Jesús. Me preocupa que el fervor por la evangelización se esté enfriando en muchos corazones. Si se ha de llevar a cabo la gran comisión y se ha de hablar del Nombre del Señor Jesucristo en todas las naciones, nuestra generación también debe encontrar su camino hacia las esquinas oscuras que todavía existen.

Hace poco tiempo me encontraba leyendo el relato del rey Salomón cuando terminó la obra en el templo de Jerusalén. El rey narra la historia de cómo su padre había anhelado construir el templo: «David mi padre tuvo en su corazón edificar casa al nombre de Jehová Dios de Israel».[5] Sin embargo, Salomón resalta que Dios no quiso que David construyera el templo, esa tarea sería de él. Me parece interesante que Salomón nos diga que aunque Dios no permitió que David cumpliera esta importante tarea lo elogió por tener el deseo de hacer una gran obra para el Señor. Dios dijo a David: «Bien has hecho en haber tenido esto en tu corazón».[6]

¿Tiene usted en su corazón a los perdidos del mundo?

Dios está muy interesado en los motivos de nuestro corazón. Es allí donde nace la compasión por los perdidos y los que sufren. Como lo averiguó David, no todos tienen la oportunidad de hacer algo grande, algo específico para el reino del Señor. No obstante, Dios quiere que tengamos en nuestro corazón la visión por esos grandes avances. El compromiso es esencial si hemos de usar con orgullo el número «cuarenta y uno».

Admiro los deseos del corazón de mi madre en su juventud. De niña añoraba dar su vida como misionera soltera de por vida entre la gente del Tíbet. Al terminar el colegio en Corea del Norte en un instituto misionero fue a la Universidad Wheaton en Illinois para prepararse. Luego se presentó mi padre y... bueno, ella nunca fue allá. Mamá determinó que debía echar a un lado su deseo de ir al Tíbet como misionera y a cambio se convirtió en la abnegada esposa de mi padre; pero aun tenía «en su corazón» la visión del Tíbet. Sé que eso le agradó a Dios. Luego, como un apoyo detrás de bastidores para mi padre y su ministerio, ella participó en enviar el evangelio a los confines de la tierra... probablemente también a la nación tibetana «cerrada al evangelio».

Una visión para llevar el evangelio a las áreas no alcanzadas del mundo estuvo en los corazones de los que ahora se llaman la «generación de la Segunda Guerra Mundial». Cuando nuestros soldados, marinos, infantes de marina y soldados de la fuerza aérea regresaron de sus puestos en todo el mundo trajeron con ellos un nuevo entendimiento de las necesidades espirituales en tierras extranjeras. Las narraciones de sus historias inspiraron a una nueva generación a ir como misioneros, e incluso muchos hombres y mujeres que estuvieron en la milicia partieron para invertir el resto de sus vidas en ayudar a cumplir la gran comisión.

¿Tenemos en nuestra generación una pasión similar?

Hoy día tenemos nuevas herramientas de ayuda para extender el nombre del Señor Jesús. Evidencia de esto quizás se volvió el acontecimiento más dramático en el ministerio internacional de mi padre. Utilizando una campaña en San Juan, Puerto Rico, como base, en marzo de 1995 una organización de ayuda llamada *Global Mission* usó la tecnología de satélite para transmitir el evangelio a naciones que contenían el setenta por ciento de la población mundial. Ondas continuas de veinticuatro horas diarias atravesaban veintinueve zonas horarias. La programación alimentó a tres mil lugares en 185 países y territorios del mundo, y se interpretó en 117 idiomas que iban desde la A (Albania) hasta la Z (Zulú). Las transmisiones grabadas en pantallas gigantescas se pasaron a las naciones receptoras en momentos apropiados y en enormes lugares. La gente escuchó el evangelio en todo ambiente imaginable, incluyendo refugiados en un campamento de Ruanda.

La tecnología de satelización y otras innovaciones como el Internet brindan oportunidades emocionantes. Estos métodos se deben utilizar completamente para la extensión de las buenas nuevas de que Jesús murió para redimir a los pecadores. Sin embargo, no reemplazan la necesidad de «soldados rasos», como el apóstol Pablo o David Livingstone, para establecer el evangelio en un viaje misionero. Todavía hay millones de personas que no han oído el Nombre de Jesús. A los lugares remotos de la tierra no penetrará el evangelio de ninguna manera importante sólo con la radio, la televisión o el correo electrónico. Cuando el Señor Jesús dijo: «Id y haced discípulos a todas las naciones», lo que quiso decir exactamente es que fuéramos.

En nuestra época necesitamos una explosión de fervor renovado para hacer avanzar el evangelio a todas las naciones. Agradezco que algo así parece estar sucediendo entre la «generación siguiente», pero necesitamos portadores apasionados del evangelio en todas las categorías de edades. Aunque los viajes misioneros de corta duración y los esfuerzos hechos son valiosos, necesitamos miles que estén dispuestos a ir a tierras extranjeras sin la preocupación de cuándo volverán (o si lo harán), como hizo mi abuelo cuando fue a China en 1916.

Los seguidores del Señor Jesús necesitaron algo del celo del antiguo explorador español Hernán Cortés. Como estaba resuelto a conquistar a los indios aztecas que gobernaban en lo que es hoy México, en el año 1519 Cortés atracó su flota de once barcos cerca de donde ahora se encuentra Veracruz. Algunos de sus hombres mostraron poco entusiasmo en ir tierra adentro, de modo que Cortés quemó diez de sus barcos. El mensaje era claro: No hay modo de regresar. «Si es necesario moriremos aquí para lograr nuestros objetivos. La retirada no es una opción».[7]

Cuando Cristo otorgó la gran comisión, sus fieles y leales seguidores «fueron» a todas las naciones de ese tiempo. No miraron atrás, dudando de su misión. Es un buen recordatorio simplemente ver cuán comprometidos estaban con el mensaje que les enviaron a proclamar.

Santiago, hijo de Zebedeo, murió atravesado por una espada durante el gobierno de Herodes Agripa. Fue el primero de los Doce en sufrir martirio.

Juan, hijo de Zebedeo, fue exilado por Roma en la isla de Patmos, donde recibió la visión que se convirtió en el libro del Apocalipsis.

Se dice que Tomás llevó el evangelio al oriente, a lo que hoy se conoce como Irak, Irán, Afganistán, Pakistán y luego a la India, y fue asesinado cuando se dedicaba a la obra misionera en la India.

La tradición dice que Simón fue crucificado en Egipto.

Se cree que Marcos predicó en Egipto y allí murió en la hoguera defendiendo su fe.

Tradicionalmente se cree que después de predicar el evangelio desde África hasta Gran Bretaña, Simón (también conocido como Pedro) fue crucificado boca abajo porque no se sentía digno de morir en la misma manera que el Señor Jesús.

Se cree que Bartolomé predicó en la India. Fue golpeado, crucificado y decapitado en Armenia.

Andrés, el hermano de Pedro, trabajó en la región norte del Mar Negro, en lo que hoy día es Rusia. La tradición dice que fue crucificado en Patrae de Arcaia.

Mateo ministró en Etiopía y Egipto, donde se cree que fue asesinado con una lanza.

Felipe predicó en Asia Menor, donde se informó que fue apedreado y crucificado.[8]

Siendo así, los discípulos dieron sus vidas por extender el evangelio, y cuando murieron, el Nombre del Señor Jesucristo era conocido en todo el mundo antiguo.

Con el fin de ganar el mundo para Cristo tenemos que invertir todo... aun nuestras propias vidas. ¿Está usted dispuesto? ¿Buscará convertirse en uno con nuestro Señor?

Jesús dijo: «Desde los días de Juan el Bautista hasta ahora, el reino de los cielos sufre violencia, y los violentos lo arrebatan».[9] La violencia que aquí se nombra no es la de la fuerza militar ni de una fuerza de coerción, sino de una clase distinta de fuerza: la del amor y el sacrificio incondicional.

Piense en la emoción humana del amor: el que un joven tiene por una joven; el que un soldado tiene por un compañero, que se lanza sobre otro para salvarle la vida a su amigo. En Sarajevo, la capital de Bosnia, durante la guerra civil, un joven atravesó la sección musulmana de la ciudad hasta la serbia para ver a la chica que amaba. Un francotirador lo pilló y el muchacho cayó muerto en un puente. La chica llegó hasta el cadáver, el francotirador también la mató, y los dos cuerpos quedaron abrazados.

La Biblia dice: «Nadie tiene mayor amor que este, que uno ponga su vida por sus amigos».[10] La violencia que está extendiendo el Nombre es el amor. Jesús dijo: «En esto conocerán todos que sois mis discípulos, si tuviereis amor los unos con los otros».[11] El evangelio está avanzando debido al gran amor de Dios por usted y por mí.

Piense en la inversión que Dios hizo en usted y en mí. Somos su creación. Esa es una gigantesca inversión. Trágicamente, esta familia humana a la que pertenecemos estaba perdida en el pecado y separada de la presencia divina. Dios hizo otra gran inversión, esta vez para redimirnos. Envió a su único Hijo para pagar la deuda del pecado por usted y por mí. Tremendo precio; esta es una deuda que nunca podremos pagar. La más grande inversión que alguien puede hacer es volverse «uno con Cristo», quien posee el más grande Nombre de todos los tiempos.

11

EL LIBERTADOR

Jesús es el «libertador» por excelencia. Solamente Él, y la fe en Él, nos libera del poder de la esclavitud y del pecado. Si usted quiere ser libre, siga al Nombre. Ese fue el reto que Él lanzó a todo el mundo, aun hasta hoy día. El día de reposo, en su pueblo natal de Nazaret, Jesús se puso de pie en la sinagoga y entregó la «declaración de independencia» para toda la humanidad:

Se le dio el libro del profeta Isaías; y habiendo abierto el libro, halló el lugar donde estaba escrito:

El Espíritu del Señor está sobre mí,
Por cuanto me ha ungido para dar
buenas nuevas a los pobres;
Me ha enviado a sanar a los
quebrantados de corazón;
A pregonar libertad a los cautivos,
Y vista a los ciegos;
A poner en libertad a los oprimidos;
A predicar el año agradable del Señor.

Y enrollando el libro, lo dio al ministro, y se sentó; y los ojos de todos en la sinagoga estaban fijos en él. Y comenzó a decirles: Hoy se ha cumplido esta Escritura delante de vosotros.[1]

Con estas asombrosas palabras Jesús no sólo declaró que era el cumplimiento de la profecía de Isaías relacionada con un Salvador venidero, sino también prometió liberar al pueblo de todo lo que oprimía y esclavizaba a la especie humana.

Jesús dijo: «De cierto, de cierto os digo, que todo aquel que hace pecado, esclavo es del pecado. Y el esclavo no queda en la casa para siempre; el hijo sí queda para siempre. Así que, si el Hijo os libertare, seréis verdaderamente libres».[2]

El Nombre de Jesús trae libertad y esperanza.

Jesús vino a declarar las buenas nuevas de esperanza, libertad y victoria ante cualquier dificultad que usted pueda enfrentar: impedimento físico, debilidad, temor, tragedia o enfermedad.

Dos mil años han pasado desde que Jesucristo puso su pie en este planeta para liberar a los cautivos. La obra del Espíritu Santo continúa hasta hoy, liberando hombres y mujeres de la esclavitud del pecado sobre ellos. ¡Jesús es el Libertador y hay libertad eterna en su Nombre!

UNA FAMILIA ENCUENTRA LIBERTAD

Personalmente conozco muchas personas que han experimentado la libertad que Cristo ofrece.

Mis amigos Sharon y Raul se conocieron cuando asistían al mismo colegio. Raul, un estudiante de artes marciales que fue maltratado de niño por su padre alcohólico, estaba lleno de ira sin resolver. Era una bomba de tiempo que podía explotar en cualquier momento. Una noche en una fiesta explotó su temperamento al ver a Sharon con otro tipo, y golpeó a este joven gravemente. Las autoridades lo pusieron a escoger entre una temporada en la cárcel o el servicio militar. Una zona de guerra parecía atraer su mal genio, y puesto que la Guerra de Vietnam estaba en su apogeo, Raul escogió la milicia.

Sharon, hija de misioneros, se enamoró de Raul estando en el colegio y le escribía fielmente mientras él servía en Vietnam. Raúl no le informaba a Sharon todos los detalles que estaba enfrentando en Vietnam bajo la gran presión del combate.

El estrés de la guerra y lo horripilante de su misión llevó a Raul al borde del colapso. Incapaz de enfrentar un patrullaje o una operación más, amenazó a su capitán si le ordenaba ir de nuevo al monte. Fue enviado a un hospital militar para ser restaurado emocionalmente y estuvo allí seis meses. Finalmente recibió una honorable baja de la milicia y se casó con Sharon poco después.

Sharon era seguidora de Cristo, pero Raul no quería saber nada de «religión». Ella estaba lista a renunciar a su esposo y a su sueño de tener una familia feliz y un hogar centrado en Cristo. Él aun ardía en ira y, debido a sus experiencias en la guerra, ahora tenía menos reservas para utilizar la violencia.

Raul regresó a sus estudios de artes marciales junto con Jimmy H-Woo y después abrió su propia academia para enseñar defensa personal a otros. Raul comenzó a ir de bar en bar, buscando camorra y a menudo la encontraba. También maltrataba a Sharon. Sin darse cuenta, él se había vuelto un esclavo de los pecados de su padre.

Después de cuatro años de soportar el comportamiento destructivo de Raul, Sharon estaba dispuesta a renunciar y abandonarlo. La familia tenía ahora dos hijos, y aunque ella seguía profundamente enamorada de él, no quería que sus hijos sufrieran el mismo maltrato que Raul había recibido de su padre.

Un domingo en la tarde Sharon empacó sus pertenencias, planeando recogerlas después del culto nocturno en la iglesia. Raul llegó a casa y vio las maletas en el pasillo. Se dio cuenta de las intenciones de Sharon y se llenó de furia. Abrumado, decidió que la única solución era matar a su esposa.

Raul tomó su rifle y lo cargó. Mientras esperaba que Sharon regresara, deambuló por la casa, perforando las paredes con el rifle, rompiendo los vidrios de los cuadros, y golpeando los estantes.

Raul lanzó el rifle contra el televisor, pero en vez de romper la pantalla golpeó el botón del encendido. Un predicador, el pastor Chuck Smith, hablaba de Jesús y de su amor redentor. Esto era lo último que Raul quería escuchar, así que retrocedió, y apuntó al aparato intentando volar la pantalla en pedazos. Sin embargo, sencillamente no pudo apretar el gatillo.

Raul sintió que el pastor Chuck le hablaba directamente. La Palabra de Dios es como una espada, y Raul sintió la verdad cortando todas las capas endurecidas que le cubrían el corazón. Le brotaban lágrimas de los ojos. Dejó el rifle a un lado, se arrodilló ante el televisor y oró: «Dios, si eres verdadero, y si eres un Dios capaz de salvar a la gente, quiero que esta noche entres a mi vida». Inmediatamente el corazón de Raul se llenó de paz. Cuando se puso de pie supo que se había realizado un cambio importante.

Raul descargó el rifle y lo colocó de nuevo en el clóset. Se imaginó que Sharon estaría en la iglesia, por tanto subió al auto y se dirigió allá. Ensayaba lo que le iría a decir a su esposa. Cuando llegó, el pastor estaba haciendo el llamado al altar. Raul buscó a Sharon, pero ella ya había salido del culto. Mientras oía la insistencia del pastor se dirigió al altar y pidió oración.

Mientras tanto Sharon llegó a casa y la encontró destrozada, lo que le confirmó en su corazón que era tiempo de que ella y los niños se fueran. Echó a correr hasta poder calmar sus pensamientos, sólo para ser interrumpida por los golpes persistentes de Raul en la puerta.

—Sharon, abre la puerta —dijo Raul con desesperación.

—¿Qué quieres? —contestó ella a regañadientes mientras abría la puerta.

—Acepté a Jesucristo —dijo él.

No del todo convencida, Sharon cerró la puerta en las narices de Raul. Al vivir con un hombre furioso había oído muchos cuentos. Él rogó y finalmente la convenció de abrir la puerta. Lo escuchó pero permaneció escéptica. Le suplicó que no se fuera, al menos no en ese momento, y Sharon consideró su ruego.

Pasaron días y semanas. Sharon vio cambios en Raul, pero aun se preguntaba si volvería a sus antiguas andanzas.

Raul y Sharon comenzaron a ir juntos a la *Calvary Chapel*, y ella notó que él mostraba gran interés en la Biblia. Sharon comprendió totalmente lo profundo del cambio en Raul cuando él empezó a visitar su antiguo colegio para hablar del evangelio con los estudiantes. Exactamente dos meses después se paró en un banco del colegio, explicó cómo Jesucristo lo había salvado y cómo ofrece libertad de todo lo que mantiene a la gente ciega en el pecado. ¡Varios cientos de estudiantes respondieron al evangelio y fueron salvos! No pasó mucho tiempo antes de que Raul estuviera visitando otros colegios, proclamando el mismo mensaje y ganando jóvenes para el reino.

Después de meses de constancia, Sharon llegó a la conclusión de que Raul era realmente un nuevo hombre. Se regocijó porque sus oraciones fueron contestadas. ¡El hombre que amaba fue perdonado de su pecado por medio del poder del Señor Jesucristo! Ella también lo perdonó por todo el sufrimiento que le había causado, y comenzaron juntos una nueva vida.

La Biblia dice: «Bienaventurados aquellos cuyas iniquidades son perdonadas, y cuyos pecados son cubiertos. Bienaventurado el varón a quien el Señor no inculpa de pecado».[3]

Raul empezó un estudio bíblico en su academia de artes marciales. Años después fue ordenado como ministro, y la academia se convirtió en una gran iglesia. Él y su esposa agregaron un tercer hijo a la familia, y hoy día continúan sirviendo fielmente al Señor.

He visto de primera mano el poder que Dios muestra en la vida y ministerio de Raul. Miles han llegado a conocer personalmente a Cristo debido a su testimonio. Ahora pastorea la *Calvary Chapel* en Diamond Bar, una enorme iglesia en el sur de California.

Un día pregunté a Sharon:

—¿Cuánto tiempo te llevó comprender totalmente que Raul había cambiado realmente después de recibir a Cristo como su Señor y Salvador?»

—Un año —respondió ella—. Durante ese primer año temí que en algún momento surgiera de nuevo la fuente antigua y horrible de violencia, mal genio e ira.

Ella se dio cuenta que en realidad la vida de él había cambiado y que no era el mismo. Era un hombre nuevo como resultado de que Cristo viviera en él.

Cuando Jesús dijo que venía a sanar a los quebrantados de corazón se estaba refiriendo a personas como Sharon, quien acababa de rendir la esperanza de experimentar algún día un matrimonio cristiano. Jesús también estaba pensando en otros, como Raul, cuando dijo que venía a «pregonar libertad a los cautivos». Desapareció la esclavitud de Raul a la ira, al alcohol y a la violencia. En su lugar quedó la libertad de llevar una vida en paz que honra y glorifica al Nombre de Aquel a quien sirve fielmente.

UN JOVEN DESCUBRE SU NOMBRE

Una de las plagas de nuestra época es el divorcio. Se ha vuelto muy fácil, casual y aceptado que un hombre y una mujer se olviden de los votos que hicieron ante Dios, cuando comprometieron mutuamente sus vidas. Se esgrimen toda clase de razones. En algunos casos están trágicamente justificadas, pero muchas veces la razón verdadera del divorcio es el egoísmo. Pensando principalmente en sí mismas, dos personas deciden que están cansadas del duro trabajo que exige el matrimonio, por tanto deciden terminarlo.

En el proceso, los niños involucrados sufren a menudo heridas emocionales que, humanamente hablando, son irreparables. Los hijos de divorciados a veces pasan el resto de sus vidas sin poder confiar en alguien, y nunca experimentan con profundidad el ser amados. Pueden llegar a esclavizarlos el miedo y la amargura. Greg era un muchacho que salió de esa clase de vida.

Cuando tenía nueve años de edad, Greg había conocido cuatro padrastros. Exteriormente su madre podría pasar por una estrella de cine debido a su hermosa apariencia. Sin embargo, por dentro estaba vacía. Su búsqueda de satisfacción la llevaba de hombre en hombre, a menudo en rápida sucesión, mientras arrastraba a Greg de casa en casa por todo el país. A ella le importaba poco la influencia que su estilo de vida pudiera tener en el muchacho.

En un intento de establecer una identidad permanente, Greg se puso el apellido de su cuarto padrastro, quien lo trataba con amabilidad. No pasó mucho tiempo antes que su madre dejara a este hombre y le llevara a Greg otro padrastro, sólo para dejar también a este último. Después de que su vida se desarraigara una y otra vez, y sin conocer en realidad la seguridad de una familia estable, Greg cayó en cierto medio de sobrevivencia. Se rebeló con determinación contra un mundo adulto lleno de engaño y traición.

Greg cayó fuertemente en el uso de drogas a un paso aterrador. Igual que muchos de la contracultura de las décadas de los sesenta y setenta, Greg decidió que perseguiría la verdad y el propósito por medio de drogas que alteraban la mente. Primero la marihuana, y después el LSD, se convirtieron en su boleto para salir del sufrimiento en su vida, a veces por tanto tiempo como durara la euforia. Especialmente el LSD lo llevaba a un reino lleno de nuevo «significado».

Aproximadamente en esta época Greg comenzó a notar que algunos de los muchachos en su colegio eran seguidores sin reparo del Nombre. Es más, algunos de ellos eran estudiantes que alguna vez, como él, usaron drogas. Ahora repartían tratados y le hablaban de Cristo. Aunque muchas veces antes se había sentido consumido, él no se impresionó.

Greg continuó tratando con el LSD y un día usó una dosis sumamente alta. En vez de experimentar euforia estuvo muy consciente de la presencia del diablo. Sintiendo que perdía el control, y hasta la cordura, se miró en un espejo tratando de volver a conectarse con la realidad. Al hacer esto se derritió la imagen que había ante él y le pareció oír una horrible voz que le decía: «¡Vas a morir!» En los días posteriores un tembloroso Greg intentaba hacer que todo tuviera sentido.

Un día en el colegio, Greg se encontraba de pie al borde de una multitud, escuchando a un ex drogadicto que hablaba de cómo el Señor Jesucristo había cambiado su vida, y de cómo también podía cambiar la de ellos. Aunque Greg no tenía interés en volverse uno de esos «tipos de Jesús», como los llamaban a principios de la década de los setenta en California, recordó que de niño oraba pidiendo la ayuda de Dios. Sin embargo, a pesar de eso, continuó viviendo de la misma manera rebelde. Pero ese día en el colegio comprendió que ya no podía jugar con Dios. Tenía que estar con Él o contra Él. Sabía que si no estaba a favor de Jesús estaría en contra de Él.

Greg batallaba en su interior. Luchaba con la idea de poder renunciar a su estilo de vida. Al ver su historia familiar también cuestionaba si podría confiar en alguien, ¿cómo confiar en un Dios a quien no podía ver? Sin embargo, en su corazón retumbaba el mensaje de que el Señor lo amaba tanto que dio a su único Hijo por él. Greg inclinó la cabeza e invitó a Cristo para que fuera su Señor y Salvador. El niño que en realidad nunca conoció un padre terrenal tenía ahora un Padre celestial. El joven que no había conocido con seguridad qué nombre debía tener, ahora había escogido seguir el Nombre que es sobre todo nombre.

Greg se involucró en un estudio bíblico, y cuando tenía diecinueve años, dirigía por su cuenta un estudio bíblico en la ciudad de Riverside. Ese estudio bíblico se ha convertido en una iglesia, una de las más grandes de Estados Unidos. Hace apariciones en radio y televisión en todo el país y lleva a cabo campañas evangelísticas anuales conocidas como *Harvest Crusades*. He conocido a Greg durante quince años y he visto a Dios obrar en su vida. Es un hombre a quien Dios está usando de un modo único para tocar las vidas de miles.

LIBERADO DEL DIABLO

Una clase distinta de mal oprimía a otro joven.

Skip tenía cerca de dieciséis años cuando en compañía de un amigo comenzó a involucrarse en los poderes psíquicos. Mientras viajaban en México con un grupo en un paseo del colegio, Skip y su amigo se separaron de los demás y se escondieron en el cuarto de un hotel en Mazatlán. Desde allí esperaban contactarse con el mundo espiritual.

El amigo de Skip ya tenía la reputación de leer, con cartas del tarot, la suerte de las personas. Ahora los dos adolescentes querían que los espíritus los controlaran y enviaran mensajes por medio de la «escritura automática».

Después de esperar durante dos noches en el cuarto del hotel, Skip entró en trance, pidiendo a los espíritus que movieran su brazo y escribieran mensajes acerca de lo que creía que habían sido sus vidas pasadas.

El húmedo aire del océano fluyó por las ventanas. Las cortinas se agitaron y una presencia eléctrica inundó el aire. El brazo de Skip comenzó a moverse sin su control. Al principio los garabatos del bolígrafo no tenían sentido, pero no pasó mucho tiempo antes que las palabras comenzaran a formar esta frase: «Estuviste en la guerra franco persa, donde te mataron».

Convencido ahora de que la reencarnación debía ser cierta,

Skip se llenó de júbilo. Si la vida consistía únicamente en una existencia tras otra, ¿no debería experimentar cada una y luego tirarla como un cigarrillo a medio consumir? Nuevas emociones siguieron. Luego, junto a los miembros de una banda de rock en que tocaba, fumaban grandes cantidades de marihuana dorada de Acapulco encerrados en el salón de prácticas. Una noche Skip y un amigo cometieron un crimen y la policía los arrestó por robo cuantioso, pero Skip no tenía remordimientos; violar la ley lo llenó de júbilo.

Cuando Skip tenía dieciocho años su vida ya estaba apagada. Había intentado todo, todas las emociones del sur de California, desde drogas hasta el *surfing* y el *rock and roll*; estaba aburrido y frustrado. Las emociones temporales no lo llevaban a la felicidad. Los experimentos psíquicos solamente lo habían dejado confundido y vacío.

Un día Skip estaba sólo viendo televisión, cambiando de un canal a otro, cuando le llamó la atención un hombre que hablaba ante una enorme multitud en un estadio. Skip quedó cautivado cuando los ojos azules del orador parecieron clavarse en su corazón. Por primera vez oyó el evangelio de Jesucristo por medio del mensaje dado por mi padre, Billy Graham.

Skip sintió que estaba enfrentando una decisión que quería evitar, y se dispuso a apagar el televisor, pero algo lo detuvo. No podía alejarse mientras su corazón palpitara aceleradamente. Skip sabía que si hubiera estado en el estadio se habría sentido impulsado a responder a la invitación. Pero estaba seguro en la privacidad de su hogar. No había nadie que lo presionara a tomar ninguna decisión... hasta que los ojos penetrantes miraron directamente a la cámara. «Para ti que estás viendo por televisión, dondequiera que estés, en un bar o en el cuarto de un hotel, tú también puedes entregar tu vida a Jesucristo».

A Skip se le hizo un nudo en el estómago.

Mi padre oró, pidiendo a quienes habían respondido a la invitación del perdón de Dios que repitieran la oración con él.

Skip escuchó atentamente, pero luego apagó rápidamente la televisión y se fue medio aturdido a su habitación. Allí, después de meditar en sus experiencias pasadas y de reflexionar en la idea de una nueva vida, cayó de rodillas y oró. En un instante le pareció que un peso de un millón de libras se levantaba de su corazón. Conoció el gozo por primera vez en su vida.

A medida que Skip crecía en su nueva fe aprendió la expresión bíblica para lo que le había ocurrido: había «nacido de nuevo». Comprendió que su alma había sido lavada y renovada.

Cuando el apóstol Pablo le relataba su experiencia de conversión al rey Agripa, le dijo que Jesús lo había enviado a los gentiles para que se convirtieran de las tinieblas a la luz, de la potestad de Satanás a la de Dios.[4] Esto describe lo que le sucedió a Skip. No existe vida tan oscura en que la luz de Jesús no pueda brillar, limpiar y hacer nuevas todas las cosas. Los espíritus demoníacos que una vez movieron el brazo de Skip en el cuarto del hotel en Mazatlán sólo podían ofrecer un mensaje de muerte. Aquel que lleva el Nombre de Jesucristo ofrece vida y libertad de la opresión del diablo.

Pasaron varios años y Skip se sintió dirigido por Dios para entrar a un ministerio de plantar iglesias. En su momento se casó y se mudó a Nuevo México para iniciar una iglesia. Después de los primeros desafíos y desánimos se derramaron las bendiciones de Dios en su congregación. Hoy día la *Calvary Chapel* de Albuquerque es la iglesia más grande de Nuevo México, y una de las más grandes de los Estados Unidos.

Raul Ries, Greg Laurie y Skip Heitzig, por medio de la predicación, impactan a la gente más allá de las cuatro paredes de sus iglesias. En el mundo evangélico muchos buscan su consejo y asesoría. Ellos ayudan a muchas personas a encontrar libertad en el Nombre.

12

EL SERVICIO

Después de varios años de ver cómo actuaba Jesús, sus discípulos aún no tenían claro el panorama. Un día mientras caminaban hacia Jerusalén, poco antes de los acontecimientos que llevarían a la muerte terrenal de Jesús, Santiago y Juan pidieron una pequeña compensación por su servicio: «Ellos le dijeron: Concédenos que en tu gloria nos sentemos el uno a tu derecha, y el otro a tu izquierda».[1]

Jesús debió clarificar el asunto a Santiago y Juan: seguirlo no era garantía de prominencia ni de vida fácil. Lo que Jesús les dijo quizás los dejó helados: «El que quiera hacerse grande entre vosotros será vuestro servidor, y el que de vosotros quiera ser el primero, será siervo de todos. Porque el Hijo del Hombre no vino para ser servido, sino para servir, y para dar su vida en rescate por muchos».[2]

El mensaje que Jesús proclama sigue progresando por medio de los pasos de sus siervos. Cuando caminó en esta tierra se preocupó individualmente de las personas y les sirvió. Ahora como sus representantes, Jesús nos pide que amemos a otros de la misma manera. Él vivió un ejemplo que debemos seguir. Han pasado dos mil años, pero no han cambiado las instrucciones de Dios para quienes lo siguen.

Jesús ejemplificó el verdadero significado de servir a otros, aun en la preocupación hacia su madre. Mientras moría por los pecados de la humanidad, su Padre celestial le había vuelto la espalda a su Hijo, quien cargaba con los pecados del mundo. En medio del dolor, la agonía y la vergüenza de colgar en la cruz, Jesús se dio tiempo para recordar a su madre. La miró desde arriba y le habló al discípulo que amaba, y que estaba junto a ella, pidiéndole que se encargara de ella. Juan llevó a María a su casa y la cuidó de allí en adelante.[3]

Jesús cuidó de los «olvidados». Sanó a un paralítico que había estado inválido por treinta y ocho años, y que se encontraba acostado cerca del estanque en la puerta de las ovejas en Jerusalén.[4] Hubo una mujer que había sufrido por doce años, quien tocó el borde del manto de Jesús y fue sanada.[5] En medio del cumplimiento de la misión más importante en la historia, Jesús, el Rey de reyes, observó a estos olvidados y se detuvo para sanarlos.

Jesús cuidó «del enemigo». Un funcionario de la poderosa milicia romana buscó un favor de Él en la ciudad de Capernaum. Este centurión reconoció el grandioso poder que Jesús tenía. El centurión mostró tal fe que Jesús lo elogió y respondió a su súplica de sanar a su siervo.[6] Jesús cuidó de todos los necesitados sin importar su posición o circunstancias.

Jesús cuidó de los despreciados. Quizás la persona más despreciada en su época era el publicano o cobrador de impuestos; sin embargo, escogió a uno de ellos, Mateo, como su discípulo. Mientras visitaba Jericó, Jesús también fue huésped de Zaqueo, otro publicano.

Jesús cuidó de los niños. En los días del Nuevo Testamento a los niños se les consideraba una bendición. Él a menudo los utilizó para ilustrar sus enseñanzas. Un día los padres le llevaron sus hijos para que les impusiera las manos y orara, pero los discípulos intentaron ahuyentarlos. Jesús detuvo a los discípulos y dijo: «Dejad a los niños venir a mí, y no se lo impidáis; porque de los tales es el reino de los cielos».[7]

Jesús cuidó de los hambrientos. Una vez alimentó a cinco mil hombres, además de mujeres y niños.[8] En otra ocasión alimentó cuatro mil.[9]

A Jesús le importó el rico y acaudalado. Se extendió a los humildes, pero al mismo tiempo entró a los niveles más elevados de la sociedad. No condenó la riqueza. Cuando el joven rico acudió a Jesús y le preguntó cómo podía encontrar la vida eterna, Él escuchó pacientemente y «lo amó». La posición y la riqueza del hombre no provocaron prejuicios en Jesús. Estuvo atento. El problema no era la riqueza del joven sino el *amor* y apego a sus riquezas. Cualquier cosa que se interponga entre nosotros y nuestra relación con Cristo es pecado. Este joven amaba su dinero más que a su propia alma.[10]

La Biblia dice: «¿Qué aprovechará al hombre si ganare todo el mundo, y perdiere su alma?»[11] Este joven lo tenía todo menos una cosa: fe. No confió en Jesucristo como su Salvador y no estuvo dispuesto a cambiar su riqueza terrenal por tesoros en el cielo.

Jesús cuidó de las madres solas. Un día fue tan movido a compasión por la súplica de una viuda que hizo un milagro para ella. El único hijo de esta mujer había muerto y la procesión del funeral se dirigía al cementerio.

Cuando el Señor la vio, se compadeció de ella, y le dijo: No llores. Y acercándose, tocó el féretro; y los que lo llevaban se detuvieron. Y dijo: Joven, a ti te digo, levántate. Entonces se incorporó el que había muerto, y comenzó a hablar. Y lo dio a su madre.[12]

Jesús se preocupó de los que molestan. Algunas personas sencillamente le pueden alterar los nervios... usted quiere correr y esconderse cuando lo llaman o lo llevan aparte en el centro comercial. La verdad es que todo el mundo a veces puede ser molesto para alguien.

Jesús tuvo intercambio con personas molestosas, pero las amó y las sirvió. Una mujer que le había seguido, y gritaba para captar su atención, formó tal escena que los discípulos le pidieron a Jesús que la «despidiera». Puesto que la mujer era cananea y no judía, el Señor le dijo que su misión estaba entre «las ovejas perdidas de la casa de Israel». No obstante, la mujer no tomó la negativa como una respuesta. Fue persistente. Creía en Jesús, y Él vio su fe, le concedió su deseo y sanó a su hija. Jesús se maravilló de su fe.[13] El Señor dijo: «Venid a mí todos los que estáis trabajados y cargados, y yo os haré descansar».[14] Esto es exactamente lo que hizo aun por una cananea.

Jesús se preocupó de los endemoniados. La posesión demoníaca es un verdadero cáncer. Los demonios molestan física, mental y espiritualmente a los hombres. Pueden destruir almas y ser la perdición eterna del ser humano. La Biblia nos habla de un encuentro que Jesús tuvo con una de estas personas. Se trataba de alguien que tenía problemas: estaba endemoniado y andaba desnudo, y a menudo lo encadenaban en los sepulcros porque no lo podían controlar. Su fuerza era tal que se soltaba y salía corriendo y gritando día y noche. Jesús no guardó distancia ni pasó de largo; tuvo misericordia de él y le echó fuera una multitud de demonios. Al hombre le volvió el juicio, se vistió y quiso seguir a Jesús. Pero en esta ocasión, Jesús le dijo que volviera a su casa y diera testimonio en su propio pueblo.[15]

Jesús cuidó de los condenados y culpables. Siempre se extendió a los que lo rodeaban, hasta en la muerte. Fue crucificado entre dos criminales comunes acusados de robo y condenados a muerte. Eran culpables. Uno de ellos le habló a Jesús desde la cruz, creyó y le pidió que se acordara de él cuando entrara en su reino. Jesús reconoció su fe y dijo: «De cierto te digo que hoy estarás conmigo en el paraíso».[16]

Jesús tuvo misericordia de los pecadores y les ayudó sin

condición. No le importó cuán indignantes, privados de sus derechos o enfermos estuvieran, Él estuvo dispuesto a servirles donde se encontraran, en medio de gran necesidad, cuando no tenían a nadie más a quién acudir. Aun hoy día se sigue extendiendo a ellos.

REPRESENTANTES DEL NOMBRE

Por medio de la obra de *Samaritan's Purse* he encontrado un flujo constante de personas que honran el nombre del Señor Jesús por el modo en que lo representan al cuidar de la gente. He tenido el privilegio de reunirme con algunos de los más prominentes hombres y mujeres que sirven a otros en nombre del Señor.

JOHN PHAM, VIETNAM

Los vietnamitas los llamaban *bui doi*, «las cenizas de la vida», hijos de las calles, rechazados y despreciados. Son cien mil niños que deambulan por las atestadas calles de las ciudades vietnamitas sin que nadie los cuide y sin un lugar llamado hogar. Esta generación siguiente, privada de su infancia, es víctima del hambre, la enfermedad, el maltrato y la explotación.

John Pham, un refugiado vietnamita que inmigró a Canadá poco después de la guerra indochina de hace treinta años, se ha extendido a los *bui doi* en el nombre de Jesucristo. Dios devolvió a John a Vietnam como misionero ante su propio pueblo. Mientras John provee para las necesidades físicas de los niños de la calle, con la ayuda de *Samaritan's Purse* les participa las buenas nuevas de Jesucristo.

Uno de estos «más humildes», Chung, tenía sólo ocho años cuando su padre murió y su madre abandonó la familia. Su hermano adolescente encontró un empleo en una herrería, derritiendo trozos de metal de deshechos de guerra, para ayudar a su hermano y a su hermana menores. Un año después el hermano de Chung murió cuando explotó una granada en los deshechos. Chung tomó el lugar de su hermano en el taller, trabajando duro quince horas diarias, hasta que terminó el trabajo. No podía alimentarse ni cuidar de su hermana, por lo tanto se fue a Hanoi para trabajar en las calles como limpiabotas.

Afortunadamente Chung conoció a John, quien pudo rescatarlo de los horrores de la vida callejera y le dio comida, abrigo y asistencia médica. Chung aun lustra zapatos y envía dinero a su hermana, pero ahora tiene buena alimentación, un lugar seguro para dormir y mucho amor de quienes siguen los pasos de Jesús.

TÍA ANA, EL SALVADOR

Tía Ana es de la capital de El Salvador, el único país en el mundo llamado como el Mesías. Cuando niña fue abusada por familiares cercanos, y huyó de casa cuando tenía siete años. Una vez en las calles debió pelear para sobrevivir. Su vida empeoró al dedicarse a conductas ilícitas, incluyendo la prostitución. Debido al maltrato físico no podía tener hijos. A medida que pasaban los años se desesperaba y clamaba a Dios, pidiéndole que si era real la salvara de la vida que llevaba. Él lo hizo, y ella entregó su vida al Señor y comenzó a servirlo.

Tía Ana quería desesperadamente tener un hijo, pero sabía que debido a su pecado pasado no podría tener un hijo propio en sus brazos. Otra vez buscó al Señor y puso su carga ante Él. Le dijo: «Señor, si sólo me dieras un hijo, lo criaré para que también te sirva fielmente». Por medio del apoyo y el ánimo de su iglesia comenzó a ministrar gente de las calles, particularmente hijos de prostitutas. En el proceso el Señor llevó a su vida a una niña huérfana, y Ana empezó a criarla como propia.

Ana comprendió, a medida que pasaba el tiempo, que había

muchos niños sin padres. Observó que los centros de cuidado infantil del centro de la ciudad estaban cerrados, especialmente aquellos que cuidaban a los hijos de prostitutas, dejando que esos niños se valieran por sí mismos. Ana abrió las puertas de su casa para alimentar y amar a esos niños.

Ana ahora dirige un centro de cuidado diario que ministra aproximadamente a setenta y cinco niños.

Conocí a Ana cuando se realizaba una campaña en San Salvador. A través de nuestro ministerio de niños, Operación Navidad del Niño, pudimos distribuir regalos a todos los niños en su hogar. Ana me dijo: «Intento darles el valor más importante de la vida: que tengan fe en el Nombre que es sobre todo nombre... el Hijo del Dios vivo».

ELMER KILBOURNE Y EZRA SARGUNAM, INDIA

Después de China, la India es la nación más poblada del planeta, hogar de mil millones de personas. Sin embargo, en un país con más de novecientos millones de hindúes y musulmanes, menos de uno por ciento son cristianos. ¿Cómo evangeliza la iglesia tales multitudes?

El Dr. Elmer Kilbourne sirvió como líder misionero en Corea por cuatro décadas y se jubiló en 1985. Me participó su carga de ver a la India evangelizada.

—Franklin —dijo—, no quiero jubilarme en la Florida jugando tejo. Me gustaría que mis últimos años sirvieran de algo mientras aún tengo salud. Ayudemos a la Iglesia Evangélica de la India a construir mil iglesias.

—¿Construir mil iglesias en la India? —repliqué—. ¡Debes estar loco!

—No sólo mil iglesias —volvió a decir Elmer—. También quiero ayudarles a construir cuatro seminarios y veinticinco escuelas bíblicas, una en cada estado. Si hemos de construir mil iglesias, debemos capacitar pastores para que prediquen en ellas. ¿Qué crees?

Sencillamente miré a Elmer. No pude menos que admirar su fe y determinación. Yo sabía que tan enorme tarea no se podía lograr en nuestras propias fuerzas. Dios tendría que hacer un milagro.

—Hagámoslo —dije—, y veamos a Dios en acción.

Conocí al Dr. Ezra Sargunam, líder de la Iglesia Evangélica de la India (IEI). Él también tenía una poderosa visión para alcanzar a su nación para Cristo. Cuando escuché su idea supe que el sueño de Elmer era posible con la ayuda de Dios.

En los años siguientes la IEI, con el apoyo de un pequeño consorcio comercial, de grupos misioneros e individuos interesados al respecto, ha visto a Dios realizar un milagro. Un equipo de *Samaritan's Purse* celebró la finalización de la iglesia número mil. Lo sobresaliente del festival fue el bautismo de 2.231 nuevos convertidos a la fe cristiana, el grupo más grande bautizado en la India durante el siglo veinte. Estos nuevos cristianos llegaron de toda la India, y a veinte pastores les llevó buena parte del día bautizarlos a todos.

A pesar de su maravillosa victoria para el reino de Dios, la India permanece en grandes tinieblas espirituales. El mismo día en que fueron bautizados esos nuevos creyentes, millones de hindúes corrían a sumergirse en el río Ganges, creyendo que el agua podía limpiarles sus pecados. Es triste pensar que la gente confíe en que uno de los ríos más densamente contaminados del mundo pueda limpiar su culpa y el castigo del pecado. Un himno antiguo dice: «¿Qué me puede dar perdón? Sólo la sangre de Cristo».

La IEI tiene el plan de desafiar a toda iglesia local a plantar una iglesia hermana en los años siguientes. La meta es plantar otras mil iglesias para el año 2010. ¡Considero que, con el entusiasmo de Elmer, la visión de Ezra y la bendición de Dios, este es un «trato hecho»!

Todos estos siervos fieles y millones como ellos en todo el

planeta, por medio de la simple obediencia, hacen propias las necesidades de otros. Al hacerlo se unen a las filas de quienes han servido y cuidado a otros en el Nombre.

13

LA BÚSQUEDA DEL EXTRANJERO

«Jehová vuestro Dios es Dios de dioses, y Señor de señores, Dios grande, poderoso y temible, que no hace acepción de personas ... que hace justicia al huérfano y a la viuda; que ama también al extranjero».[1]

En nuestros ministerios de *Samaritan's Purse* y la Asociación Evangelística Billy Graham recibo cada día una lección de generosidad de parte de los miles de individuos que se sacrifican para hacer posible nuestra obra de ayuda y evangelización en todo el mundo. Me sorprende incluso el espíritu de generosidad del pueblo de Dios a través de nuestro proyecto hacia los niños conocido como Operación Navidad del Niño.

Fue en agosto de 1993 en plena guerra en Bosnia cuando recibí una llamada de un hombre en Inglaterra. Me dijo que esa Navidad llevaría cajas de zapatos llenas de regalos para los niños de Bosnia. Había prácticamente cientos de miles de refugiados esparcidos por los Balcanes. Las ciudades habían sido destruidas, los hogares incendiados, y las familias habían experimentado «limpieza étnica». ¡Era un verdadero lío! El hombre de Inglaterra preguntó si podíamos ayudar. Le aseguré que lo haríamos.

Ese verano estuvimos sumamente ocupados. Para ser sincero, al poco tiempo olvidé mi promesa. Pasaron septiembre y octubre. A mediados de noviembre llegó otra llamada de Inglaterra. El hombre preguntó cuántas cajas de zapatos habíamos reunido. Él se estaba preparando para ir a Bosnia el mes siguiente. *¿Cajas de zapatos?*, pensé. Entonces me dí cuenta que la promesa que había hecho la había olvidado. No queriendo desilusionarlo le dije que nos pondríamos otra vez en contacto en algunos días. Él quedó satisfecho de que nos estuviéramos encargando del asunto, pero cuando colgué entré en pánico. Intenté imaginarme cómo podríamos reunir miles de cajas en sólo unas cuantas semanas.

Llamé a un pastor que servía en mi junta de directores, el Dr. Ross Rhoads, y le presenté mi dilema.

—Ross —le dije—, ¿quisieras presentar este proyecto a tu congregación y preguntarles si podrían llenar de juguetes algunas cajas de zapatos para los niños de Bosnia?

—Me parece bien.

Para mi sorpresa, un par de semanas después llamó e informó que la iglesia había reunido casi once mil cajas.

—¿Qué debo hacer con ellas? —preguntó Ross.

Quedé atónito. Estas cajas las habían reunido extranjeros para darlas a extranjeros al otro lado del mundo.

Fuimos a Bosnia para ayudar a distribuir las cajas de zapatos y vimos el increíble impacto que estos regalos tuvieron en los niños, extranjeros para nosotros, quienes sólo habían conocido la guerra, el derramamiento de sangre y la destrucción. Por primera vez en sus jóvenes vidas tuvieron un momento de alegría y un asomo de esperanza.

Ahora teníamos este reto: ¿Cómo llevar esta idea de dar regalos a niños extraños por completo y hacer de esto un proyecto evangelístico en el cual comunicar el evangelio a cada uno de ellos? El año siguiente el proyecto se duplicó. Volvimos a Bosnia, esta vez con equipos de laicos cristianos, muchos de ellos extraños para mí. Habían oído del proyecto y querían ser parte de él. Estaban dispuestos a arriesgar sus vidas en esta zona de guerra. Nuestro equipo aprovechó toda oportunidad de hablar a los niños acerca del amor de Dios y de su Hijo Jesucristo. Fuimos a escuelas, campamentos de refugiados y hospitales. Familias enteras estaban sobrecogidas y agradecidas por lo que habíamos hecho por sus hijos. Esto les dio en medio de su época más nefasta un momento de descanso ante el sufrimiento insuperable.

Lo que hace único a este proyecto es que familias que son extrañas para estos niños llenan las cajas. No conozco la teología de orar por una caja de juguetes, pero pedimos a las personas que, mientras empacan las cajas, oren para que Dios guíe y dirija directamente su regalo a las manos del niño adecuado, de tal modo que esto no sólo produzca gozo, sino que también sea un testigo del verdadero Niño de Navidad.

En el 2001 se reunieron más de cinco millones de cajas de zapatos con obsequios. ¿Se puede usted imaginar a millones de personas orando para que millones de niños lleguen a conocer a Cristo? Sabemos que Dios escucha las oraciones de los justos que oran por la salvación de los niños. Nuestro Dios es un Dios dador.

También pedimos a estos empacadores de cajas que pongan su foto en la caja y quizás una carta para animar al niño en el extranjero a que conteste. Nuestra esperanza es que con los años podamos construir puentes de amistad entre los niños alrededor del mundo y las familias de las naciones dadoras.

Hace algunos años yo estaba predicando en la *Calvary Chapel* en Albuquerque, Nuevo México. Era un domingo especial de diciembre para la Operación Navidad del Niño. Cada año, esta iglesia reúne más de quince mil cajas. Una mujer trajo una caja de zapatos que había empacado con sumo cuidado. Con lágrimas en los ojos me contó que a principios de la década de los noventa estuvo en un campamento de refugiados en Bosnia y un «extraño» le dio una de nuestras cajas. Por primera vez en su vida esa niña experimentó un poco de alegría y esperanza de que hubiera alguien que la amaba. Ahora es una joven que asiste a la Universidad de Nuevo México y ha conocido a Jesucristo como su Señor y Salvador personal. Cuando oigo una historia como esta, mi corazón palpita dentro de mí, y lo menos que puedo decir es: «¡Gracias Padre!» ¿Funciona la oración? ¡Téngalo por seguro!

Mi buen amigo de Beirut, Sami Dagher, el cual nos ha ayudado a distribuir cajas de zapatos en todo el Líbano, me contó esta historia: Una familia musulmana en Beirut estaba buscando una copia de la Biblia. Habían visto a otra familia con una copia de una Biblia para niños, y querían una para su hijo. Cuando Sami, junto con nuestro equipo de Operación Navidad del Niño, distribuía cajas de zapatos en una escuela libanesa, ese pequeño niño abrió su caja y encontró una copia de la Biblia en idioma árabe.

¿Se puede usted imaginar a Dios dirigiendo a una familia a poner una Biblia en árabe dentro de su caja de zapatos (sin saber adónde iba), y que de cinco millones de cajas, precisamente esa fuera empacada, enviada a un centro de procesamiento, sellada, puesta en la paleta de una carretilla de carga, y luego enviada en un contenedor a través del océano, yendo a parar a Beirut, Líbano, y finalmente a las manos de este pequeño niño que quería una Biblia?

No existe el modo en que podamos dirigir las cajas a ciertas áreas. En la mayoría de los casos normalmente las enviamos desde la costa oeste a América Central o del Sur; cajas de la costa este a Europa oriental y África; y cajas del Pacífico Norte a Asia. De algún modo, por medio de este proceso, Dios tiene sus planes.

Hay docenas de historias como esta. Durante la guerra en Kosovo decenas de miles de personas fueron asesinadas y centenares de miles fueron obligadas a huir a naciones vecinas, en lo que los medios de comunicación llamaron limpieza étnica. Fue una evocación del holocausto en la Alemania nazi.

Mientras se desarrollaba este drama, *Samaritan's Purse* respondía yendo a Albania. A las pocas semanas estábamos construyendo una inmensa ciudadela de carpas para estos refugiados. Durante este proceso llegamos a conocer personalmente a muchos kosovitas. Cuando intervino el ejército de Estados Unidos y finalizó la guerra, regresamos con los refugiados que volvían a sus hogares. A muchos les quedaba poco. Habían saqueado y quemado sus casas, y matado a sus animales en las granjas; sin embargo, en este país devastado por la guerra tuvimos una oportunidad de mostrar el amor de Dios.

Esa Navidad yo estaba en Kosovo distribuyendo cajas de zapatos a niños en edad escolar. Hacía un frío glacial cuando estábamos en el salón de clases sin calefacción. Aquí en Kosovo, como siempre hacemos en estas distribuciones, pusimos una caja en las manos de cada niño y les pedimos que las sostuvieran sin abrir hasta que todos los niños recibieran un regalo. Mientras los chicos cargaban sus cajas con gran expectativa tuve la oportunidad de decirles de dónde eran los regalos, por qué fueron enviados y les conté la historia de Navidad acerca del más grande Dador de todos, el Señor Jesucristo. A la cuenta de tres se les pidió que abrieran sus cajas y hubo un eco de emoción lleno de risas, carcajadas, sonrisas y alegría. Una niña sacó una muñeca de su caja; un niño encontró un camión en la suya; y vi cómo un niño sacó un balón de fútbol desinflado, ¡con bomba y todo! Lo ayudamos a inflarlo y vimos cómo pateaba ese balón por todo el salón. Un millón de dólares no habría significado para él más que ese obsequio.

En medio de esa emoción observé a otro pequeño abrir su caja y rápidamente le volvió a poner la tapa. Se sentó allí con los labios amoratados, tiritando en el helado salón. Ninguno de los niños tenía ropa abrigada, mucho menos sombreros ni abrigos. Fui a inspeccionar, pensando que quizás el niño hubiera recibido una caja equivocada; posiblemente para una niña; o quizás había poco adentro. Llegué hasta él y examiné la caja, mientras, los ojos del niño seguían todos mis movimientos. Cuando levanté la tapa vi una camiseta que cubría el resto del contenido, pero no parecía haber ningún juguete, o nada más que emocionaría a un niño. Sin embargo, cuando levanté la camiseta descubrí en el fondo una chaqueta forrada de lana. Cuando la saqué de la caja, más grande de lo normal, y la sacudí, los ojos del niño se duplicaron de tamaño. Por tiritar de frío, difícilmente podía dominar sus emociones. Desabotoné la chaqueta y le ayudé a ponérsela. Le quedaba perfecta. ¿Cómo lo sabía Dios? Estas cajas habían sido empacadas por cristianos alemanes y las habían enviado desde nuestras oficinas en Berlín. Creo que una familia en Alemania había sido conmovida por Dios para que pusiera una chaqueta de piel en esa caja de zapatos. ¿Por qué? Era para un pequeño en Kosovo; este es el resultado directo de las oraciones del pueblo de Dios.

Debido a la Operación Navidad del Niño y a nuestra obra de evangelización, ayuda y desarrollo, desde la guerra hemos podido ayudar a plantar más de diez iglesias en Kosovo. Tanto los regalos como el amor y el trabajo de ayuda se juntaron para levantar el nombre del Señor Jesucristo.

Ya mencioné que pedíamos a las personas insertar cartas con la dirección del remitente, esperando que los niños contestaran. Sin embargo, hay niños que no tienen acceso a estampillas de correo; por ser demasiado pobres no pueden enviar cartas al extranjero. Esto, en ocasiones, sucede realmente. Hay centenares de historias acerca de cómo Dios obra por medio de este proyecto.

Hace algunos años una familia en Pennsylvania envió una

caja de zapatos en la cual su hija Lauren incluyó una carta. Esa caja fue a parar a los Balcanes en la nación de Croacia. La pequeña Sanja, quien recibió la caja, escribió a Lauren seis meses después y establecieron amistad por correspondencia durante cuatro años. Cuando los aviones chocaron contra las torres del Centro de Comercio Mundial, el 11 de septiembre, la noticia se transmitió inmediatamente en todo el mundo. La familia de Lauren recibió una llamada telefónica de la tía de Sanja (la única que sabía hablar inglés en la familia). El padre de Lauren nos escribió:

Ella [la tía] expresó su preocupación por nuestra familia. Yo podía oír las voces de la familia en el fondo haciendo preguntas y comentarios en idioma croata. Le aseguré que estábamos bien y le pregunté cómo estaban. Ella dijo: «Estamos bien. Todo está bien en Croacia; eres tú y tu familia en Estados Unidos quienes nos preocupan». Antes de despedirse le dije que Lauren enviaba su amor a Sanja y que orábamos a menudo por su familia. Ella me agradeció y me dijo que oraban por nosotros y ahora también orarían por todos los Estados Unidos. ¿Por qué debemos mostrar amor a otros? Jesús clarifica que el mismo amor que un día damos a otros regresará a nosotros. Quién pudo haber pensado que una familia pobre y necesitada de Croacia llamaría un día por teléfono a otra familia en los prósperos y pacíficos Estados Unidos para darle un mensaje de consuelo, preocupación y oración.

Cuando oigo historias como esta no encuentro palabras para describir mi asombro por la influencia que la oración y una sencilla caja de zapatos puede hacer en las vidas de «extraños». Cuando las oraciones se elevan a Dios, en el Nombre de su Hijo, son contestadas al ciento por uno. Esa llamada telefónica a la familia de Lauren significó más que cualquier otro regalo.

LAS SONRISAS NO CONOCEN FRONTERAS

La Operación Navidad del Niño hace sonreír a muchas personas.

Las sonrisas comienzan cuando los niños van con sus padres al almacén para llenar una caja de zapatos con obsequios para un niño al que probablemente nunca conocerán. Luego nuestros voluntarios en los centros de recolección y distribución sonríen cuando ven llegar miles de cajas envueltas en colores vivos. Aun nuestros voluntarios y personal en naciones de todo el mundo sonríen al trabajar con líderes de la iglesia local para hacer los arreglos de la entrega de los regalos.

Las sonrisas más hermosas son las que aparecen en los rostros de niños en las regiones remotas de todo el mundo cuando reciben sus obsequios. La mayoría de ellos nunca antes recibieron un regalo, ni siquiera oyeron el Nombre de quien se dio a sí mismo como el Regalo más grande.

Tenemos suficientes historias para llenar todo un libro, pero quiero dar unos pocos ejemplos, unos vistazos en las vidas de aquellos que han sido tocados y que han tocado a otros por medio de la Operación Navidad del Niño en el Nombre de Jesús.

HONDURAS

Un pastor escribe:

> La membresía de mi iglesia se ha triplicado en los tres últimos años, simplemente porque la Operación Navidad del Niño ha sido una maravillosa herramienta de evangelización.

ASIA

Kazajstán, una antigua república rusa, es ahora una nación independiente en Asia Central, que limita con Afganistán.

Un padre escribe:

Toda mi familia y mis hijos aman a Dios. Mi hijo mayor tiene siete años y ya ora. Cuando oyó hablar de los regalos comenzó a orar por zapatos tenis. Tiene mucha fe. Cuando llegamos a la iglesia comenzó a alabar a Dios porque estaba seguro que obtendría aquello por lo que oraba. Cuando abrió la caja, en el interior había zapatos tenis. Mi hijo gritó en voz alta: «¡Gracias, Jesús!»

INDIA

Una carta de un niño llamado Asim:

Pertenezco a la comunidad musulmana. Un día en que estaba jugando con un amigo cristiano, él me dijo que ya traían los regalos enviados por los niños estadounidenses. Recibí mi caja y la abrí; encontré juguetes, caramelos, una pelota y otras cosas. Me sentí muy feliz. Estoy agradecido a los niños estadounidenses y a *Samaritan's Purse* por el regalo, también por la oportunidad de experimentar el verdadero regalo, Jesucristo, en mi vida. Ahora asisto regularmente a la iglesia y aprendo más de Jesús.

Otro niño escribe:

Nací y me crié en una familia hindú. Uno de mis amigos que resultó ser cristiano me llevó a un lugar donde se distribuían cajas para los pobres. Después de esto sentí el amor de Jesús y comencé a asistir a la escuela bíblica. Hoy día, después de aceptar a Jesús, estoy feliz y agradecido a ustedes y a los niños estadounidenses por el valioso regalo que me enviaron.

ARMENIA

Uno de nuestro personal de campo informa:

Durante nuestra distribución en el pabellón pediátrico, una de las primeras camas que pasamos fue la de Anese Blanc, una niña de tres años de edad. Cuando le dimos la caja nos observó con mirada de perplejidad. Al principio me pregunté por qué no estaba emocionada, luego lentamente comprendí que ella nunca había recibido un regalo en su vida y no sabía qué hacer con él. Entonces su madre tomó la caja, la abrió y le mostró los juguetes y la ropa en el interior. Anese comenzó lentamente a tocar los juguetes y finalmente mostró una sonrisa de felicidad.

Un voluntario informa:

Viendo a un niño sentado solo con su caja sin abrir, un miembro de nuestro equipo de distribución le preguntó: «¿Por qué no abres tu caja?» El muchacho respondió: «Mi hermanita menor está enferma y no pudo venir hoy. Voy a esperar a darle el regalo para que podamos abrirlo juntos».

ALEMANIA

Alguien del personal de *Samaritan's Purse* informa:

Una dama no cristiana en Alemania perdió su empleo debido a una misteriosa enfermedad que la privó de su voz. Puesto que tenía tiempo y amaba a los niños, decidió ser anfitriona de un centro de recaudación para Operación Navidad del Niño. Mientras se entrenaba y se preparaba para la semana de recaudación dirigió toda comunicación por escrito a la oficina central en Alemania. Las cajas llegaron, y el último día de la recaudación, sonó el timbre. Abrió la puerta y descubrió una multitud de personas que portaban cajas de zapatos. Su corazón se llenó de gratitud y quiso dar la bienvenida a los donantes. En ese momento le volvió la voz y preguntó al personal acerca de su motivación para participar en Operación Navidad del Niño. Ese día escuchó el mensaje del evangelio y entregó su vida a Jesucristo.

UCRANIA

Un niño de nueve años escribe:

> La víspera de Navidad yo esperaba recibir un regalo
> navideño, aun cuando sabía que quizás no ocurriría. Pensé
> en orar por recibir el obsequio, pero comprendí que ni
> siquiera sabía cómo orar. Esta mañana, la mañana de
> Navidad, llegaron ustedes con los regalos. Lo mejor fue lo
> que me dijeron acerca de aquel a quien yo estaba orando.

* * *

Millones de niños y miembros de sus familias en todo el mundo,
han aprendido a sonreír en medio de las dificultades debido a
extraños que, motivados por el amor, se dan tiempo para llenar
cajas. Es más, para mí uno de los beneficios más importantes del
programa es el efecto que Operación Navidad del Niño tiene en
quienes dan. Es asombroso lo que sucede en el corazón del
«dador». Durante una de las entregas en Bosnia, entre los regalos
en su caja de zapatos un muchacho encontró un guante de
béisbol, un bate y una bandera estadounidense. Estos obsequios
los había enviado un niño enfermo terminal en Ohio, cuyo último
deseo fue que sus posesiones favoritas se empacaran en una caja
de zapatos y fueran enviadas a un niño en Bosnia.

Luego hubo un hombre que entregaba cajas de su iglesia en
Massachusetts a nuestro centro de recaudación en Connecticut.
Una Navidad, Tim pidió a otros voluntarios que oraran por él y su
familia, pues sentía que Dios había puesto una carga especial en
sus corazones. Estando en un viaje misionero en Rusia, Tim tuvo
la oportunidad de distribuir cajas de zapatos en un orfelinato. Allí
conoció a un muchacho llamado Roman, quien nació sin piernas
y con un solo brazo. El corazón de Tim se quebrantó con la
compasión de Cristo al ver a este muchacho. Simplemente se
encantó con Roman.

La Navidad siguiente, cuando se preparaba la Operación Navidad del Niño, Tim llegó al centro de distribución en Connecticut. Tenía a un ayudante muy especial en su camioneta: un muchacho ruso de seis años llamado Roman. Orgullosamente dijo a nuestro personal que Roman era ahora su hijo y que si no hubiera sido por Operación Navidad del Niño nunca habría tenido la oportunidad de ser un padre para tan precioso niño.

Cosas como esta pasan cuando la gente da en el Nombre.

NAVIDAD EN AFGANISTÁN

Debido a los horribles acontecimientos del 11 de septiembre, la Navidad del 2001 fue particularmente conmovedora.

Con una violenta guerra en Afganistán y la caída del gobierno talibán, una vez más emergió una enorme necesidad en esta tierra.

Además de dar asistencia médica, alimentos y abrigo a los afganos que llegaban por miles a los campamentos de refugiados, *Samaritan's Purse* distribuyó ciento veinte mil cajas de zapatos a lo largo del país. En cada sitio estallaban enormes sonrisas cuando los niños veían sus cajas con ojos de asombro. Muchos padres se conmovieron al ver el deleite de sus hijos.

En el centro de distribución en Dasht-i-Qala, el gobernador provincial explicó que algunos de los obsequios provenían de niños neoyorquinos que habían sufrido a manos de terroristas y extremistas. Él reconocía: «Estos regalos son de niños cristianos en occidente. Ellos quieren que sepan que Dios no se ha olvidado de ustedes».

En uno de los campamentos de refugiados donde se entregaban cajas, en el desolado país de Afganistán occidental, una diminuta niña de seis años llamada Bibi captó la atención de nuestros obreros.

Si la tranquila Bibi de ojos negros sabía algo acerca de los ataques de los talibanes y Al Qaeda a los Estados Unidos, tal entendimiento estaba muy bien escondido detrás de sus atentos ojos y su vacilante sonrisa. Lo que Bibi conocía muy bien era el sufrimiento. Un día había estado jugando en la casa de una amiga cuando un proyectil de artillería cayó en su casa y mató a sus padres y a su hermano. Con su familia muerta y sin un lugar dónde estar, la huérfana se puso a caminar, y dos semanas más tarde llegó a un campamento de refugiados.

A Bibi se le dio alimento y un lugar donde dormir en una tienda con otra familia desplazada. Ahora al menos no morirá de hambre o expuesta al gélido clima invernal que azotaba a Afganistán.

Cuando un equipo de *Samaritan's Purse* llegó al campamento para distribuir alimentos, cobijas, estufas y zapatos, Bibi preguntó a uno de los trabajadores si podía darle papel y lápiz. Después entregó tímidamente a un trabajador un pequeño dibujo que daba claves de su vida pasada. El dibujo mostraba a una niña que hacía volar una cometa mientras la rodeaban tanques y misiles.

Pocas semanas después Bibi estaba de pie entre otros centenares de niños cuando llegaron varios autobuses, que dejaban grandes nubes de polvo color café. En cada uno había centenares de cajas de zapatos envueltas en brillante papel de regalo. Algunos de estos obsequios venían de la ciudad de Nueva York y estaban personalizados por un bombero que había estado en la Zona Cero (sitio donde cayeron las torres del Centro de Comercio Mundial). Este hombre valiente, a pesar de sus propios sentimientos de pérdida, escribió dentro de las cajas los nombres de cada víctima de las torres gemelas y el Pentágono. Kirsten y Brielle Saracini también empacaron regalos para honrar a su padre, un piloto de *United Airlines*, quien murió cuando su avión chocó en una de las torres gemelas.

Bibi, junto con otros niños, nunca habían visto tales regalos, paquetes envueltos a todo color por extraños en la otra mitad del mundo que los daban en el Nombre de Jesús. Todo esto es posible debido a que Él dio la norma como el más generoso Dador de todos. Contemplamos lo que Él dio en la cruz: su vida. Pero como usted puede ver, Jesús dio su vida cada día en el nombre de su Padre. ¿Debemos nosotros hacer menos?

Si alguno quiere venir en pos de mí, niéguese a sí mismo, tome su cruz cada día, y sígame.[2]

14

¿EN QUÉ PODER?
¿EN QUÉ NOMBRE?

Poco después del 11 de septiembre, el presidente Bush anunció que los ejecutores detrás de los horribles ataques contra nuestra nación eran Osama bin Laden y su red terrorista Al Qaeda. El presidente no se quedó ahí sino que movilizó tropas y empezó un ataque agresivo contra los talibanes y Al Qaeda en Afganistán y amenazó con hacer lo mismo contra cualquier nación que diera refugio a los terroristas. Afganistán había estado bajo el control de un gobierno islámico radical que no sólo aterrorizaba a su propia gente sino que incluso atacó las costas de Estados Unidos.

He estado en Afganistán y soy consciente de las dificultades que enfrenta la nación. Afganistán tiene una de las peores condiciones de vida de todo el planeta, incluyendo los más altos índices de mortalidad infantil. El promedio de vida es de cuarenta años. Debido a los sufrimientos de la gente afgana en los últimos veinte años y a la caída de los talibanes, me di cuenta que teníamos una oportunidad sin precedentes para abrir un moderno hospital en Afganistán. Sin embargo, había que hacer frente a varios obstáculos importantes. ¿Nos darían permiso?

¿Dónde lo construiríamos? ¿Podríamos reclutar doctores? ¿Estaría seguro nuestro personal?

Despachamos a un equipo para Afganistán; estuvieron en la parte norte del país, en una área controlada por la Alianza del Norte. Los oficiales afganos con quienes nos reunimos estaban entusiasmados con la idea y nos dieron permiso para abrir un hospital en Kholm, una pequeña aldea a unos cincuenta y seis kilómetros al este de Mazar-e-Sharif.

El siguiente obstáculo era dónde encontrar doctores dispuestos a ir a un lugar tan remoto y peligroso. Oramos. Dentro de unos pocos meses, Dios nos guió a médicos, algunos con experiencia militar pero todos con una gran carga y amor por la gente afgana.

Con tanta confusión política y social en el país, ¿estaría seguro nuestro equipo?

Para responder a esta pregunta el comandante militar local desarmó a toda la población, una de las primeras comunidades afganas en experimentar esto. Habíamos visto a Dios abriendo puerta tras puerta. Cuando dedicamos el hospital más de cinco mil afganos vinieron de toda la región norte a participar en la celebración. Todos en el área saben que somos cristianos. Yo creo que este hospital va a llegar a ser un faro de luz y esperanza en una esquina muy oscura del mundo musulmán.

Esto me hace recordar que cuando Pedro y Juan estaban sanando a un enfermo, las autoridades religiosas los cuestionaron:

«¿Con qué potestad, o en qué nombre, habéis hecho vosotros esto? Entonces Pedro, lleno del Espíritu Santo, les dijo: Gobernantes del pueblo, y ancianos de Israel. Puesto que hoy se nos interroga acerca del beneficio hecho a un hombre enfermo ... sea notorio a vosotros ... que en el nombre de Jesucristo de Nazaret, a quien vosotros crucificasteis y a quien Dios resucitó de los muertos, por él este hombre está en vuestra presencia sano».[1]

Hoy día tenemos en Afganistán médicos comprometidos a visitar a los pacientes que no pueden pagar por sus servicios médicos. Estos doctores habrían podido vivir una vida fácil, pero dejaron sus hogares llenos de comodidades por las incomodidades de Afganistán. ¿Por qué? Por el Nombre de Jesús, que es lo que los motiva, los compele y los dirige a proclamar su gran amor.

Me recuerdo del apóstol Pedro cuando fue al templo y pasó junto a un paralítico que le pidió dinero. Pedro le dijo: «No tengo plata ni oro, pero lo que tengo te doy; en el nombre de Jesucristo de Nazaret, levántate y anda».[2]

En cada generación y a través de cada siglo esto es lo que ha motivado a hombres y mujeres a dar sus vidas para ir a las más profundas y oscuras cavernas del mundo a compartir la luz del Evangelio. Y cuando estas vidas hayan pasado, Dios levantará a otros hombres y mujeres para que tomen su lugar y el proceso continuará.

Mi abuelo, el Dr. Nelson Bell, hizo lo mismo: En 1916 dejó las comodidades de su hogar en Virginia para ir a servir en un hospital al otro lado del mundo, al interior de China, donde pasó la primera parte de su vida de adulto. Él y mi abuela Virginia permanecieron allí hasta que en 1941 la invasión de China por los japoneses los forzó a salir. El inmenso crecimiento de la iglesia clandestina en China hoy es un resultado de la fidelidad de mis abuelos y muchos otros como ellos en la siembra de la semilla del Evangelio.

En 1923, mi abuelo escribió una carta a un joven médico estadounidense que estaba pensando en unirse al equipo:

El objetivo primario de nuestro trabajo es ganar almas para Cristo. Yo estoy más y más convencido que debemos insistir en esto. No necesariamente tendrá que predicar, pero sí le digo que tendrá que tener el amor por las almas y el deseo de ganarlos para el Maestro si quiere ser un misionero de éxito.[3]

Eso lo dice todo. La sanidad más importante de todas es la que restaura el corazón humano, y a los enfermos del pecado y la vergüenza, a un estado de bienestar mediante la reconciliación y el amor para Dios el Padre.

Mi abuelo y otros como él caminaron en las huellas del Gran Médico, el Señor Jesucristo.

Su Nombre siempre ha representado sanidad.

Uno de los primeros relatos del ministerio de Cristo incluía la sanidad de un enfermo. Entre las primeras en beneficiarse estuvo la suegra de Pedro. Lucas describe así lo que hizo Jesús:

> Entonces Jesús se levantó y salió de la sinagoga, y entró en casa de Simón [Pedro]. La suegra de Simón tenía una gran fiebre; y le rogaron por ella. E inclinándose hacia ella, reprendió a la fiebre; y la fiebre la dejó, y levantándose ella al instante, les servía.[4]

¿Por qué Jesús sanaba a la gente? Yo creo que una razón era porque quería mostrar el corazón de su Padre hacia la humanidad. Dios es misericordioso para con sus hijos.

«De manera que la multitud se maravillaba, viendo a los mudos hablar, a los mancos sanados, a los cojos andar, y a los ciegos ver; y glorificaban al Dios de Israel».[5] Jesús se complacía cuando las personas respondían con acción de gracias a Dios y le daban la gloria después de ver los milagros.

Ciertamente, las sanidades que Jesús hizo añadían credibilidad a su afirmación de que era el Hijo de Dios. Las multitudes aumentaban rápidamente cuando se corría la voz de que el hijo del carpintero de Nazaret había hecho un nuevo portento:

> Y recorrió Jesús toda Galilea, enseñando en las sinagogas de ellos, y predicando el evangelio del reino, y sanando toda enfermedad y toda dolencia en el pueblo. Y se difundió su fama por toda Siria; y le trajeron todos los que tenían dolencias, los afligidos por diversas enfermedades y

tormentos, los endemoniados, lunáticos y paralíticos; y los
sanó. Y le siguió mucha gente de Galilea, de Decápolis, de
Jerusalén, de Judea y del otro lado del Jordán.[6]

Jesús está lleno de compasión. Cuando alguien está enfermo,
nada lo detiene en su búsqueda de alivio. En algunos de los
países donde trabajamos, la gente viaja cientos de kilómetros,
a veces días enteros, para llegar a un hospital misionero. ¿Por
qué? Porque es su única esperanza para obtener sanidad. No hay
otra alternativa. No hay otra posibilidad disponible. Cuando sus
necesidades físicas han sido resueltas se llenan de amor y de
gratitud.

En los hospitales misioneros, los pacientes a menudo
expresan su deseo de saber lo que motiva a los doctores y
enfermeras para ir hasta ellos a servirles. La respuesta a esto
explica por qué la medicina del misionero ha sido una
herramienta tan efectiva en la evangelización. Los misioneros
médicos tienen la oportunidad de compartir su fe en Jesucristo
mientras atienden a las necesidades físicas de sus pacientes.
Esto da a la gente esperanza para una vida mejor, y el Nombre
de Jesús es llevado adelante a través del tiempo y de las vastas
regiones alcanzadas de la tierra.

Yo me siento complacido de estar asociado con mucho personal médico dedicado que trabaja fielmente a través del mundo
para llevar sanidad en el Nombre. En *Samaritan's Purse*
hacemos esto a través de nuestro ministerio médico, *World
Medical Mission* [Misión Médica Mundial].

EL MÉDICO DE MÉDICOS

Jesús, el Médico de médicos, ministraba a los enfermos
escuchándolos.

Aconteció que acercándose Jesús a Jericó, un ciego estaba
sentado junto al camino mendigando; y al oír a la multitud

que pasaba, preguntó qué era aquello. Y le dijeron que pasaba Jesús nazareno. Entonces dio voces, diciendo: ¡Jesús, Hijo de David, ten misericordia de mí! Y los que iban delante le reprendían para que callase; pero él clamaba mucho más: ¡Hijo de David, ten misericordia de mí! Jesús, entonces, deteniéndose, mandó traerle a su presencia; y cuando llegó, le preguntó, diciendo: ¿Qué quieres que te haga? Y él dijo: Señor, que reciba la vista. Jesús le dijo: Recíbela, tu fe te ha salvado. Y luego vio, y le seguía, glorificando a Dios; y todo el pueblo, cuando vio aquello, dio alabanza a Dios.[7]

La fe juega un papel importante en el proceso de sanidad. Este mendigo llamó a Jesús Hijo de David, y gritó fuerte: «Ten misericordia de mí». Él creía que Jesús podía sanarlo. Y Jesús lo hizo, y le dijo: «Tu fe te ha salvado».

Y hay en Jerusalén, cerca de la puerta de las ovejas, un estanque, llamado en hebreo Betesda, el cual tiene cinco pórticos. En estos yacía una multitud de enfermos, ciegos, cojos y paralíticos, que esperaban el movimiento del agua ... Y había allí un hombre que hacía treinta y ocho años que estaba enfermo. Cuando Jesús lo vio acostado, y supo que llevaba ya mucho tiempo así, le dijo: ¿Quieres ser sano? Señor, le respondió el enfermo, no tengo quien me meta en el estanque cuando se agita el agua; y entre tanto que yo voy, otro desciende antes que yo. Jesús le dijo: Levántate, toma tu lecho, y anda. Y al instante aquel hombre fue sanado, y tomó su lecho, y anduvo.[8]

Jesús mostró compasión incluso a un hombre que no lo conocía a Él. Este hombre había estado esperando que la sanidad viniera a través del agua. Pero Jesús le hizo quitar sus ojos de las aguas y fijarlos en Él.

Sucedió que estando él en una de las ciudades, se presentó un hombre lleno de lepra, el cual, viendo a Jesús, se postró con el rostro en tierra y le rogó, diciendo: Señor, si quieres, puedes limpiarme. Entonces, extendiendo él la mano, le tocó, diciendo: Quiero; sé limpio. Y al instante la lepra se fue de él:[9]

En el día de hoy hay muchos doctores sirviendo en hospitales misioneros, así como enfermeras y otro personal médico, que manifiestan el espíritu de Cristo de servir a los demás aun en circunstancias extremadamente difíciles. Ellos representan muy bien el Nombre del Médico de médicos. Los doctores que han servido a través de la Misión Médica Mundial me han contado algunas de sus experiencias.

LA SANIDAD DE HELENA

En los toscos alrededores de una clínica bajo un toldo portátil en Mozambique, un doctor y dos enfermeras atendieron a cientos de pacientes en un día. Debido a la falta de cuidado médico en el país, la malaria, diarrea, fiebre y anemia habían venido atacando de manera extrema a la población. El calor tropical y los insectos creaban condiciones casi intolerables. Deficientes traducciones del portugués complicaban la comunicación del doctor con el paciente. Al caer la noche, el equipo médico regresaba a su casa, ubicada en un ruidoso bote.

A los médicos del equipo enviado por *Samaritan's Purse* para ayudar a las víctimas de inundaciones en Mozambique les parecía que la gente agrandaba los problemas. La doctora Beth, una pediatra e internista de Louisville, Kentucky recibió un informe sobre una niña a la que se le estaban saliendo los intestinos. Pensó que era una exageración.

Pero era verdad. Una hora después que la clínica portátil había cerrado por haber llegado la noche, llegó gravemente herida una niña de ocho años llamada Helena. ¿Qué había pasado? Que mientras jugaba con su hermano, este giró rápido alrededor de ella y el cuchillo que llevaba en la cintura la hirió accidentalmente. La herida era relativamente pequeña, pero se le habían salido unos 60 centímetros de intestinos.

Los familiares de Helena la habían envuelto lo mejor que habían podido y la habían puesto en el fondo de una canoa hecha de un tronco de árbol. Luego, su padre había bogado durante siete horas a través de la oscuridad contra la fuerte corriente del río Zambeze. Él sabía que la única esperanza de salvarla estaba en las manos de la doctora que había visitado la aldea temprano ese día. Cuando logró encontrar al equipo médico era ya medianoche y Helena estaba en shock.

El equipo no estaba preparado para realizar la delicada operación que necesitaba Helena. Trabajando con linternas le dieron fluidos intravenosos y antibióticos para tratar de estabilizarla. Usando un teléfono de satélite, hicieron arreglos para que por la mañana un helicóptero la sacara de allí y la llevara al hospital más cercano. Luego, la doctora Beth y la enfermera Natalie se turnaron durante la noche, confortando a Helena y orando que pudiera sobrevivir. Cuando lograron acomodar su camilla en el helicóptero, no sabían si la volverían a ver viva otra vez.

Dos semanas más tarde Helena salió caminando del hospital en Quelimane. Sus ojos brillaban alegremente mientras con timidez mostraba una hilera de puntos en la región de su estómago. La cirugía había resultado exitosa. Se había logrado evitar la infección. Ahora ella y su padre estaban listos para volver a casa a ver a su madre y a su familia.

Antes de regresar, el agradecido padre de Helena le preguntó con curiosidad a la doctora Beth por qué ella y su personal se esforzaron tanto para ayudarle durante aquella emergencia. Ella le dijo que la razón por la que estaban en Mozambique era porque querían alcanzar a los que estaban en necesidad en el Nombre del Señor Jesucristo. «El hecho que nuestro equipo médico haya visitado exactamente su aldea, y que los dirigentes de esta aldea supieran donde encontrarnos, no fue una coincidencia».

Un día antes, la familia de Helena no hubiera sabido que había un doctor cerca. Un día después, posiblemente el helicóptero no habría estado disponible. Todos estuvieron de acuerdo en que el hecho de que Helena sobreviviera y se recuperara era un ejemplo maravilloso de oraciones contestadas y del perfecto tiempo de Dios.

Esto ocurrió en el segundo viaje de la doctora Beth con la Misión Médica Mundial. Durante las cinco semanas que permanecieron en Mozambique, su equipo vio miles de pacientes, pero Helena es alguien a quien nunca olvidarán. Mas tarde la doctora Beth escribió: «Si no hubiésemos logrado hacer nada más que eso, habría valido la pena».[10]

BAUTISMO EN ECUADOR

Como muchos pacientes en los hospitales misioneros, una anciana de la lluviosa selva del oriente ecuatoriano había esperado demasiado tiempo antes de venir a ver al doctor.

Cuando llegó al Hospital Vozandes-Shell, la mujer sufría de cáncer cervical tan avanzado que sus riñones no funcionaban. Hacía dos semanas que no podía caminar. Aun bajo el cuidado de especialistas en el mejor centro médico, su caso habría sido considerado sin esperanza. Pero en este hospital misionero en la frontera con el Amazonas ella encontró esperanza.

El Dr. Mark, un cirujano de Greeneville, Tennessee, confirmó el terrible diagnóstico del médico del personal. Aparte de medicamentos para el dolor, había muy poco que el hospital pudiera hacer. Incluso las oraciones y el consuelo eran problemáticos. La mujer hablaba sólo el oscuro idioma de los quichuas, descendientes de los antiguos incas que están entre los habitantes originales del oriente ecuatoriano.

Para comunicarse con ella, el personal del hospital se valió de Lidia, una cristiana quichua que trabajaba en la lavandería del hospital. Después que Lidia compartió el Evangelio con ella, la moribunda oró y aceptó a Cristo como su Señor y Salvador personal. Lidia entonces se contactó con la iglesia quichua del lugar, donde la paciente recibió instrucciones sobre el bautismo. Pidió que la bautizaran el domingo siguiente.

Así describe la escena el Dr. Mark: «Me emocioné hasta el punto en que me brotaron las lágrimas cuando de pie, a la orilla del río, vi llegar a la dulce dama en una camilla. Se dio un breve mensaje en español y en quichua y luego la bautizaron, con camilla y todo».

Reconociendo la esperanza que había encontrado en Jesús, la hija de la mujer también aceptó a Cristo. En lugar de enfrentar la muerte con desesperación, su familia pudo compartir su esperanza de vida eterna.[11]

SERVICIO DE LABIO

A través de los años me he sentido bendecido de conocer a un ejército de misioneros médicos. Algunos se han ido ya al cielo, pero muchos siguen hoy día sirviendo al Señor en el campo foráneo. Algo que todos comparten es una increíble pasión y persistencia en sobreponerse a todos los obstáculos para hacer avanzar el Nombre de Jesús a través de la medicina misionera.

Uno de los más efectivos es el Dr. Robert Foster. No sólo ha sido un pionero de la medicina misionera como cirujano en algunas de las más difíciles regiones de África sino que también es un extraordinario maestro de la Biblia y un dinámico predicador del Evangelio.

En algunas ocasiones cuando he visitado África, he viajado con él. Ir con él en un viaje es toda una aventura. No obstante lo duro que alguna circunstancia pudiera ser, no pierde la sonrisa. Vive lo que el apóstol Pablo quería enseñar cuando dijo: «Regocijaos en el Señor siempre».

Como mi abuelo Bell, Bob tiene una cantidad infinita de historias sobre sus «aventuras» médicas. Una de mis favoritas es la de un hombre a quien un perro le arrancó casi todo el labio inferior.

Bob estaba trabajando un día cuando llegó al hospital un camión. En la parte de atrás venía un hombre llamado Kungarisi cubierto de sangre.

—¿Podría pegarle el labio a Kungarisi? Mi perro se lo arrancó de un mordisco —dijo Paul, el hombre que había traído al paciente.

Bob quitó el trapo amarrado alrededor de la mitad inferior de la cara del hombre. No menos de las tres cuartas partes del labio inferior no estaban allí. Mientras lo llevaba al cuarto de operación, Paul le explicó que su perro había sido provocado accidentalmente cuando Kungarisi había tocado su comida.

—Sería mucho más fácil coserle el pedazo de labio que hacerle uno nuevo —explicó Bob a Paul—. ¿Crees que podrías encontrarlo?

Paul volvió al lugar del accidente y dentro de una media hora estaba de vuelta, sosteniendo enérgicamente entre sus dedos el pedazo de carne sucio envuelto en una hoja. Bob procedió a lavarlo en una solución salina mientras explicaba a Kungarisi lo que planeaba hacer.

—Te voy a poner un poco de anestesia, así podré devolver el pedazo de labio a su lugar.

El aterrorizado paciente movió negativamente la cabeza mientras decía:

—No quiero que me ponga anestesia.

—¿Cómo voy a coserte el labio si no uso anestesia?

—No. Anestesia no. Tengo miedo.

—No tienes nada a que tenerle miedo —le aseguró Bob. Pero él sabía que los africanos le tienen un miedo terrible a estas cosas. Ellos creen que cuando le ponen anestesia a alguien, esa persona muere y luego vuelve a vivir.

—Esto no te va a hacer dormir —insistió Bob—. Te pondré sólo un poco de anestesia allí donde voy a coser y así podré trabajar mejor.

Kungarisi no cedió. Después de haber hecho todo lo que pudo por convencerlo, Bob se dio por derrotado, así es que limpió y trató de arreglar la herida lo mejor que pudo.

Cuando Kungarisi llegó a su casa, su esposa casi se murió de horror al verle la cara.

—¿Qué te pasó? —le dijo. Su esposo le contó toda la historia, incluyendo la oferta de Bob de coserle el labio.

Ella se puso furiosa.

—¡Vas a volver inmediatamente al hospital para que te cosan el labio! ¡No pienso vivir con un hombre sin su labio!

Así es que, después del almuerzo, Kungarisi volvió al hospital y le dijo a Bob que estaba dispuesto a enfrentar la cirugía. Pensando que quizás Kungarisi cambiaría de parecer, Bob había dejado el labio esterilizado en la solución salina sobre un mueble en el cuarto de operación. Una vez más, él y su paciente se prepararon para proceder, cuando Bob se dio cuenta de un problema.

—¿Dónde está el labio de este hombre? —gritó—. ¡No lo veo aquí!

La enfermera se quedó sin habla.

—Yo no sé. Lo dejamos allí antes del almuerzo —dijo ella.

Averiguó con las demás enfermeras y luego el hombre que hacía el aseo dijo que lo había tirado dentro del tarro de los desperdicios.

—Bien, este hombre está aquí y quiere su labio, de modo que ¡anda, búscalo y encuéntralo! —ordenó Bob al de la limpieza.

Después de unos diez minutos, volvió el hombre con el labio envuelto en la misma gasa. Otra vez Bob lo limpió, pero ahora no estaba nada seguro de que tendría una operación exitosa.

—No sé si esto va a pegar después de tanto tiempo que ha transcurrido y de las tribulaciones por las que ha pasado el pobre pedazo de labio —le advirtió a Kungarisi—. Pero lo intentaremos.

Y lo cosió al resto que quedaba en la boca del paciente. Al terminar, Bob no tenía mucha confianza en que iba a resultar bien.

Cuando Kungarisi volvió al hospital cinco días después para que le quitaran las suturas, Bob no podía creer lo que veían sus ojos. El labio había sanado lo suficientemente bien como para dar un servicio casi normal. Con el tiempo, hasta recuperó su sensibilidad.

Un mes después, Kungarisi volvió a darle las gracias al doctor Bob por lo que había hecho por él.

—Realmente, no deberías tener labio. Esto es un milagro. Dios ha sido bueno contigo y necesitas darle gracias a Él —Bob le recordó.

—¿Cómo un hombre puede darle gracias a Dios? —preguntó el robusto africano.

Bob le explicó que algunos hombres en las Escrituras hicieron la misma pregunta, y le citó del salmo 116: «¿Qué pagaré a Jehová por todos sus beneficios para conmigo?

—El hombre que escribió eso hace muchos años dijo que si realmente queremos dar gracias a Dios, la primera cosa que tenemos que hacer es tomar la salvación que Dios nos ofrece —le explicó Bob.

Mientras seguían hablando, Kungarisi, quien una vez había tenido el labio destrozado, rompió en una amplia sonrisa de comprensión y antes que hubieran terminado de hablar, sus labios ofrecieron el sacrificio de alabanza.

De ahí en adelante, Kungarisi siguió al Señor fielmente, ofreciéndole más que un «servicio de labio».[12]

MEDICINA EN EL CAMPO MISIONERO

En el corazón de África una madre trajo a su frágil hijita de tres años de edad al hospital Tenwek, un hospital misionero que había servido por varias décadas al pueblo de Kenya. Se aliviaba así de una gran carga. Pruebas rutinarias revelaron que la niña estaba infestada con el virus del SIDA. Otros exámenes demostraron que la madre y el padre también estaban infestados.

Estas tragedias son típicas en los hospitales misioneros en el este y sur de África, donde cada diagnóstico debe incluir al SIDA. En Tenwek, más de la mitad de los pacientes examinados dieron positivo. En el hospital Zimba, de Zambia, el índice ha alcanzado el setenta y cinco por ciento.

Aunque no hay una cura para el SIDA, eso no quiere decir que no haya esperanza. Tenwek y Zimba están entre los hospitales en los cuales trabajan médicos cristianos que sirven como voluntarios por períodos cortos a través de Misión Médica Mundial. Lo que mueve a estos doctores a dar un cuidado amoroso a los que se ven enfrentados a la angustia y la desesperación del SIDA es la compasión. La fe los capacita para hablar a los pacientes que se ven enfrentados a la muerte acerca de la vida eterna que les prometiera Cristo Jesús. Es lo que sucedió con aquella familia en Tenwek. Ellos aceptaron el Evangelio y enfrentaron los días que les quedaban con esperanza.

El SIDA no es la única enfermedad mortal que acecha al planeta hoy día. Millones de personas que viven en los países más pobres del mundo están muriendo de enfermedades que podrían ser combatidas con éxito. Cada año, personal médico que sirve en Misión Médica Mundial ayuda a salvar incontables vidas mientras comparten el testimonio del Médico de médicos.

Durante el 2001, enviamos más de trescientos doctores, dentistas y otro personal de salud a cuarenta localidades en veintisiete países, incluyendo hospitales misioneros en lugares remotos, tales como Bangladesh, Camerún, Egipto, Ecuador, Papúa Nueva Guinea, Rwanda y Togo. Más de una docena de doctores sirvieron en el hospital de *Samaritan's Purse* al sur de

Sudán. Se despachó a otros doctores para ayudar a las víctimas de inundaciones en Mozambique, de terremotos en El Salvador y, como ya he mencionado, más recientemente han ido doctores a Afganistán a ayudar a víctimas de la guerra.

Doy gracias a Dios por médicos como la Dra. Beth, el Dr. Mark, el Dr. Robert Foster y muchos otros que han ido a las esquinas oscuras de la tierra en servicio al Nombre que sana: el Médico de médicos.

15

LA NUEVA PLAGA

Cuando Jesús se encontraba con la gente que quería su toque sanador, nunca les preguntaba cómo habían llegado a padecer sus enfermedades.

La Biblia dice:

> Y recorrió Jesús toda Galilea, enseñando en las sinagogas de ellos, y predicando el evangelio del reino, y sanando toda enfermedad y toda dolencia en el pueblo. Y se difundió su fama por toda Siria; y le trajeron todos los que tenían dolencias, los afligidos por diversas enfermedades y tormentos, los endemoniados, lunáticos y paralíticos; y los sanó.[1]

Jesús ni condenaba ni condescendía. ¿Por qué? Tenemos que recordar su misión. Él vino a los enfermos, no a los sanos. Él vino a los pecadores, no a los justos. Esta fue su misión. «Los sanos no tienen necesidad de médico, sino los enfermos. No he venido a llamar a justos, sino a pecadores [al arrepentimiento]».[2]

Muchas veces las organizaciones y empresas pierden la

perspectiva de su misión. Se sorprendería de saber cuántas personas hoy día ni siquiera conocen la misión de la organización donde trabajan, o del ministerio en el cual están involucrados. Jesús siempre tuvo un enfoque claro y su misión siempre estuvo ante Él: «llamar a los pecadores al arrepentimiento», una muy buena lección para usted y para mí.

Él usaba varios métodos diferentes de sanidad, pero nunca preseleccionaba a las personas ni las despedía por sus pecados anteriores. Él contendía con la verdad de sus pecados con amor y misericordia. No tenía que hacer preguntas. Examinaba los corazones y sabía que todos necesitaban perdón y su toque sanador. Perdonó a la mujer sorprendida en adulterio, lo cual leemos en las Escrituras:

Y por la mañana volvió al templo, y todo el pueblo vino a él; y sentado él, les enseñaba. Entonces los escribas y fariseos le trajeron una mujer sorprendida en adulterio; y poniéndola en medio, le dijeron: Maestro, esta mujer ha sido sorprendida en el acto mismo de adulterio. Y en la ley nos mandó Moisés apedrear a tales mujeres. Tú, pues, ¿qué dices? Mas esto decían tentándole, para poder acusarle. Pero Jesús, inclinado hacia el suelo, escribía en tierra con el dedo. Y como insistieran en preguntarle, se enderezó y les dijo: El que de vosotros esté sin pecado sea el primero en arrojar la piedra contra ella. E inclinándose de nuevo hacia el suelo, siguió escribiendo en tierra. Pero ellos, al oír esto, acusados por su conciencia, salían uno a uno, comenzando desde los más viejos hasta los postreros; y quedó solo Jesús, y la mujer que estaba en medio. Enderezándose Jesús, y no viendo a nadie sino a la mujer, le dijo: Mujer, ¿dónde están los que te acusaban? ¿Ninguno te condenó? Ella dijo: Ninguno, Señor. Entonces Jesús le dijo: Ni yo te condeno; vete, y no peques más.[3]

En nuestro mundo de hoy anda suelta una pandemia de muerte y destrucción que demanda la misma reacción piadosa de aquellos que sirven a otros en el Nombre de Jesús. La pandemia de que estoy hablando es el Síndrome de Inmuno Deficiencia Adquirida, SIDA. Millones están enfermos y mueren sin conocimiento del Hijo del Dios viviente y el poder sanador que viene a través de su Nombre. Decenas de millones se contagiarán y morirán en los años que vienen. Es una plaga como las que vinieron sobre Egipto durante los días de Moisés cuando la cautividad judía. La Organización Mundial de la Salud la ha llamado «la enfermedad más devastadora que la humanidad haya enfrentado jamás». El virus que causa el SIDA no tiene cura conocida, ni hay una vacuna para prevenirlo, ni se vislumbra en el futuro cercano un tratamiento exitoso. Hay drogas carísimas que pueden prolongar la vida durante un tiempo, pero sólo pueden tener acceso a ellas las personas ricas. Por ahora, no hay cura.

Cuando el SIDA irrumpió por primera vez en el escenario del mundo, muchos quisieron estigmatizarlo como un problema homosexual, diciendo: «Tienen lo que se merecen». Por varias razones, la mayoría de los cristianos, entre los cuales me incluyo, querrían mantenerse lo más alejados posibles del problema.

Es cierto que la conducta pecadora de los homosexuales es uno de los factores importantes en la diseminación de esta plaga mortal. Pero es también verdad que en África, la India, el Caribe y muchas otras partes del mundo, incluyendo los Estados Unidos, el SIDA es causado también por conductas pecaminosas entre heterosexuales, lo cual amenaza con aniquilar a hombres, mujeres y, lamentablemente, niños de una generación entera.

Para muchos, los cristianos creen que el SIDA es una enfermedad causada por el pecado. Sin duda que hay consecuencias por nuestra conducta, y tenemos que asumir la responsabilidad por las decisiones que hacemos en la vida.

Como piloto, si yo vuelo a doce mil metros de altura y saco la cabeza por la ventana de una cabina presurizada, no viviré más de un par de minutos, quizás menos. ¿Por qué? Porque estoy fuera de los límites que Dios ha creado para que viva una vida saludable. Me gusta bucear (aunque no soy muy bueno para eso). Pero si sumerjo la cabeza una pulgada bajo el agua sin un equipo para respirar, no voy a durar sino un par de minutos, si acaso menos. ¿Por qué? Porque estoy fuera de los límites que Dios ha establecido.

De la misma manera, cuando el sexo se practica fuera de los límites establecidos por Dios, los cuales son las relaciones matrimoniales entre esposo y esposa, nuestra salud, y aun nuestras vidas se ven amenazadas. ¿Por qué? Porque estamos llevando una conducta que está fuera de los límites diseñados por Dios para nosotros.

La iglesia de Cristo tiene una tremenda oportunidad de alcanzar a los que viven con SIDA. Poco se ha dicho a los que viven sin esperanza de cura, a aquellos que ya están infestados y viviendo con la enfermedad. Muchas veces preferimos mirar a otro lado. Creo firmemente que el camino que la iglesia elija para responder al SIDA, que es una crisis tanto moral como de salud, definirá cuán seriamente toma nuestra generación la Gran Comisión.

En pasadas generaciones, los cristianos respondieron a la Gran Comisión yendo a China a predicar el Evangelio como lo hizo mi abuelo. Otras generaciones fueron a las selvas del sudeste asiático y a África. Cada generación parece encontrar un desafío que trata de resolver. Siervos cristianos valerosos, como David Livingstone en África y William Wilberforce en Inglaterra, llevaron a la iglesia a luchar contra la esclavitud y a ayudar a romper las cadenas de los oprimidos. Durante los siguientes veinte años, uno de los grandes campos misioneros para nuestra generación será alcanzar a los cien millones de personas que estarán contagiadas con el SIDA y posiblemente mueran sin oír del Evangelio de Jesucristo.

Este tema es difícil de abordar, razón por la cual es olvidado con frecuencia. Pero Jesús nunca rehuyó los casos difíciles. Su ministerio provocó desacuerdos y conflictos. Yo creo que si Jesús estuviera físicamente presente en la tierra hoy día, estaría acudiendo en ayuda de aquellos que están aplastados por la enfermedad. Les mostraría amor y compasión, y usaría su poder sanador para atraer a sí a hombres, mujeres y niños, aun frente al SIDA. A través del mundo millones están muriendo solos, rechazados y sin esperanza, cautivos de una horrible enfermedad. ¿Cómo vamos a responder nosotros a este reto?

TRASFONDO DE UNA CRISIS

Cuando en los años de 1980 escuché por primera vez del SIDA, me sentí horrorizado. La Biblia no establece diferencia entre pecados. Para ella, pecado es pecado. La reacción de Dios a la maldad es sin prejuicio. Todo pecador, sea cual fuere el pecado que haya cometido, necesita encontrar la redención en la cruz de Cristo. Jesús vino a salvar a los pecadores, no a condenarlos. La Biblia dice: «Porque no envió Dios a su Hijo al mundo para condenar al mundo, sino para que el mundo sea salvo por él».[5] Jesús comió con los pecadores, habló con ellos y los visitó en sus casas. Esta fue una de las principales quejas de los dirigentes religiosos de esos días. Él se asociaba con los pecadores, ellos no. Como se puede ver, la misión de Jesús estuvo siempre enfocada con claridad.

Debido a mi ministerio en *Samaritan's Purse* mi primer indicio verdadero para entender esta pandemia fue a través de los hospitales misioneros en otros países. Hemos visto desarrollarse esta plaga frente a nuestros ojos, especialmente en África. Desde finales de los años de 1970 hemos estado enviando doctores y enfermeras a clínicas y hospitales en África. Cuando a principios de los años de 1980 se logró identificar la enfermedad que llegó a recibir el nombre de SIDA, preguntamos al personal en esos hospitales misioneros: «¿Han visto ustedes algún paciente de SIDA?» La respuesta fue: «No». Pero no pasó mucho tiempo para que los informes mostraran que unas pocas personas habían dado HIV positivo. Cinco años después, el número de camas de hospitales ocupadas por pacientes que sufrían de SIDA había aumentado al diez y al veinte por ciento del total de camas de los hospitales. Actualmente, en algunas localidades de África, el cincuenta por ciento o más de los pacientes en hospitales sufren de SIDA o de algunas de las enfermedades relacionadas.

Desafortunadamente, cuando estos enfermos llegan a los hospitales misioneros no es mucho lo que se puede hacer por ellos en términos de medicina porque no hay cura para este mal, y ni siquiera hay una esperanza de una cura. Tratamos que se sientan lo más cómodo posible y les ayudamos a morir con dignidad. En el proceso, tenemos la oportunidad de prepararlos para la vida eterna. Cada persona tiene un alma, y la cosa más grande que podemos hacer es compartir con cada uno y con todos la esperanza que tenemos en Cristo Jesús, el Salvador de nuestra alma.

¿Por qué el SIDA se extiende tan rápidamente en los países del Tercer Mundo?

La respuesta es una mezcla de factores morales, sociales, físicos, económicos y ambientales. Para mí es de significativo desconcierto que la cultura estadounidense y nuestros medios de comunicación contribuyen a establecer una disposición mental a la promiscuidad sexual al promover agresivamente estilos de vidas que son contrarios a los mandamientos de Dios. Yo creo que esto ha acelerado la diseminación del SIDA.

Por décadas, la televisión y el cine estadounidenses han sido populares en otros países. La tendencia en las líneas de entretenimiento ha sido glorificar más y más la actividad sexual de todo tipo fuera del matrimonio. En la mayoría de los programas de entretenimiento por televisión se insinúa, endosa o describe algún tipo de contacto sexual extramarital. Hollywood pinta la fornicación y el adulterio como algo atractivo y fascinante. Las personas que hacen estas cosas parecen obtener lo que quieren sin consecuencias negativas. Todos se ven felices, en un mundo donde reina la lujuria.

Por supuesto que esto no refleja la realidad. Muchos en el mundo, sin embargo, dirigen sus miradas a los Estados Unidos y a Occidente por los logros materiales, políticos, científicos y militares obtenidos, así como por las libertades que disfrutan sus ciudadanos. Quieren emular el estilo de vida occidental que han visto descrito en la televisión, donde la promiscuidad es el pan de cada día.

Naturalmente, hay otras causas. En África, como en muchas otras partes del mundo, se abren oportunidades de trabajo en las grandes ciudades. En muchas familias en las áreas rurales, el hombre de la casa debe abandonar a su familia para irse a trabajar lejos. Debido a los costos y dificultades de transportación, no pueden volver a ver a su familia por meses y hasta por años. De ahí a involucrarse con prostitutas hay sólo un paso. Los barrios pobres de las ciudades están llenos de prostíbulos donde trabajan mujeres empobrecidas que también se fueron a las grandes ciudades en busca de trabajo. Con pocas alternativas a la mano, estas mujeres se dedican a la profesión más antigua del mundo; es decir, vender sus cuerpos por unas cuantas monedas, a veces no más que unos centavos. Este es un ciclo maligno que lleva a la desesperación y a la proliferación del pecado que puede terminar en muerte.

Las estadísticas relacionadas con el SIDA son alarmantes:

- En el 2001, tres millones murieron de SIDA.

- El SIDA es la cuarta causa de muerte en el mundo.[6]

- Se estima que hasta hoy día, más de veintiocho millones de personas han muerto de SIDA.[7] De este total,

veintisiete por ciento vivían en la región del
sub-Sahara, en África.[8] En esta región hay más de trece
millones y medio de huérfanos por causa del SIDA.[9]

- Unos trece millones de niños han perdido uno o ambos
  padres por causa del SIDA.

- En siete países africanos, más del veinte por ciento de
  las personas cuyas edades fluctúan entre los quince y los
  cuarenta y nueve años, está infestado por el SIDA.[10]

- En la pequeña nación africana de Suazilandia, el treinta
  y dos por ciento de la población está infestada por el
  SIDA y hay cuarenta mil huérfanos por esta misma
  causa.[11]

- En África del Sur, la mayoría de los pacientes de SIDA
  tienen entre quince y treinta años.[12] Algunas
  comunidades en África han perdido el total de su
  población cuyas edades van entre los veinte y los
  cuarenta y cinco años.

- Cada diez segundos, alguien en el mundo es infestado
  por el virus del SIDA,[13] y cada año hay cinco millones
  más de personas infestadas por el virus. Mundialmente,
  se calcula que el cuarenta por ciento tiene SIDA (aunque
  hay quienes dicen que estas cifras son muy
  conservadoras).

- Las regiones de la India y el Caribe están reportando los
  índices más altos en aumento de este tipo de enfermos.

- Cada día, mil ochocientos niños nacen infestados por el
  virus. Mundialmente, dos millones setecientos mil niños
  están infestados. Cada mes, cincuenta mil niños y niñas
  mueren de SIDA.

De los cuarenta millones de personas que están infestadas en el mundo, muchos lo han sido por su propia conducta pecaminosa. La mayor tragedia en esta nueva plaga la representan las víctimas inocentes de su enfermedad mortal, aquellas que han sido infestadas por la conducta pecaminosa de otros, a menudo seres queridos que se involucraron en la práctica de relaciones sexuales promiscuas, enredos amorosos extramaritales, relaciones homosexuales, prostitución o uso de drogas por vía intravenosa. Un pequeño porcentaje han adquirido la enfermedad a través de transfusiones de sangre contaminada o nacieron con HIV positivo porque sus madres estaban infestadas.

En los países de occidente como Estados Unidos, los que padecen de SIDA tienen acceso a algunos medicamentos que controlan o retardan la acción del virus. Pero no hay cura, ni alguna esperanza de una vacuna que pudiera ser la solución en el futuro cercano. La pregunta para los cristianos es la misma que aparece en algunas pulseras que se usan hoy día: «¿Qué haría Jesús?»

De algo estoy seguro: Él no le daría las espaldas a nadie. Jesús podría usar su poder como Hijo de Dios para sanar los cuerpos, las mentes y los corazones.

¿Entonces, qué podemos hacer nosotros? Sin un remedio para la enfermedad se requiere de algún tipo de plan alternativo debido a las poco gratas perspectivas. Aquí hay algo construido sobre presunciones válidas: Algunos investigadores informan que dentro de unos diez años o más, se podrá contar con una vacuna que proteja del SIDA. Con el actual ritmo de aumento se estima que dentro de diez años las personas infestadas alcanzarán los cincuenta millones. Agregados a los cuarenta millones que ya están infestados, se calcula que para el 2012 habrá cien millones de personas con SIDA. En el 2001, las muertes atribuidas al SIDA en todo el mundo fueron de tres millones. Tres millones de vidas perdidas. Todo parece indicar que el número de muertos por esta enfermedad irá subiendo cada año. Aun asumiendo que esto no ocurra y las actuales cifras se mantengan tal como están, puede esperarse que treinta millones o más de personas mueran por SIDA en la siguiente década. Todas ellas son almas por las que Cristo murió y derramó su sangre en la cruz del Calvario.

Debemos hacer algo por el Nombre.

UNA ESTRATEGIA DE LUCHA

Aunque por ahora este virus y enfermedad no tienen cura, creo que la epidemia puede controlarse. No ocurrirá en uno o dos años, pero mediante una educación basada en la Biblia, cambios en la forma de vivir, y ciertamente por la proclamación del Evangelio, vidas destruidas pueden ser transformadas y la marea controlada.

En febrero de 2002, *Samaritan's Purse* organizó una conferencia internacional sobre el SIDA en Washington, D.C. Se la llamó *Prescription for Hope* [Receta para una esperanza]. Al convocar a esta conferencia, nuestro ministerio estaba exponiendo su creencia de que es de absoluta importancia unir a los obreros cristianos que están en el frente de lucha alrededor del mundo combatiendo este mal. También queríamos mostrar cómo algunos en la iglesia ya están involucrados en esta batalla. Pero es necesario que el papel de la iglesia aumente. Hasta aquí, la comunidad homosexual y las Naciones Unidas casi no han hablado sobre el asunto. La iglesia tiene una oportunidad sin precedentes para llevar el amor de Cristo Jesús y la esperanza que se encuentra en Él a millones que quizás nunca escucharán de otra forma cómo Dios puede cambiar sus vidas. Es cierto. No siempre las agencias gubernamentales han invitado a la iglesia a la mesa de discusión para compartir sus puntos de vista, pero quizás esto pueda cambiar si la iglesia se involucra más en el trabajo de alcanzar a las personas que están padeciendo esta horrible enfermedad. Es importante notar, sin embargo, que en hospitales, clínicas y dispensarios alrededor del mundo, misioneros cristianos y obreros nacionales han venido trabajando en silencio en el frente de lucha contra el SIDA, dando atención a los enfermos así como ayudando a los huérfanos, proveyéndoles cuidado y asilo.

La conferencia reunió cerca de mil personas de ochenta y seis países, entre los cuales había médicos, misioneros que vienen trabajando en esta área, líderes de iglesias, representantes de fundaciones humanitarias y ministerios afines, y funcionarios gubernamentales. Aproximadamente un tercio de los asistentes son personas que trabajan en primera línea proveyendo cuidado a los pacientes de SIDA.

Como resultado de esta conferencia y según nuestra propia experiencia, me gustaría sugerir varios componentes de una estrategia que creo que es necesario montar a nombre de la iglesia en un esfuerzo por combatir el SIDA.

Liderazgo

La iglesia debería ser líder, no seguir a otros o simplemente observar lo que ocurre a su alrededor. Dejemos de esperar que los gobiernos, la medicina o, la industria científica sean los que resuelvan el problema. Pongamos este asunto en el primer lugar de nuestras agendas como personas, iglesias, denominaciones y organizaciones cristianas.

La revista *Time* afirmó en un artículo de primera página aparecido el 12 de febrero de 2001 lo siguiente:

Sin tratamiento, los que tienen SIDA enfermarán y morirán; sin prevención, la expansión del mal no podrá controlarse. En África del Sur no hay otra forma disponible para romper el círculo vicioso excepto que cada persona cambie su conducta sexual. Y eso no está ocurriendo. El ingrediente esencial que está faltando es liderazgo. Ninguno de los países de la región ni de los países ricos han sido capaces o han querido proveerlo.[14]

La iglesia debe ayudar a satisfacer el déficit de liderazgo no sólo en África del Sur sino también en el resto del mundo.

La iglesia debe dejar de señalar culpables y condenar. El «¿no se lo advertimos?» no va a cambiar la situación. Esto es tan efectivo como lamentar las muertes de bebés que ocurren en las clínicas de aborto. Eso no va a cambiar el corazón de las jovencitas que optan por esta solución. Pero si vamos con amor y compasión a las personas infestadas de SIDA, podemos llevarlos a que entreguen sus vidas a Cristo. Todos necesitamos ser perdonados y limpiados, y todos tenemos derecho a la vida eterna en el cielo.

Jesús vino a rescatar a los pecadores. Las personas infestadas por el SIDA son pecadores, igual que usted y yo.

Educación

Un esfuerzo educativo desarrollado en Uganda ha sido determinante para reducir los índices de infección de alrededor de un treinta por ciento a menos de un diez por ciento. Su currículo fue desarrollado por un misionero y el presidente de Uganda ordenó que se pusiera en práctica en todas las escuelas. Este acercamiento basado en la Biblia podría ser aplicado también en cualquiera otra parte.

Educación requiere decir la verdad respecto a una conducta sexual impropia y cómo el SIDA y otras enfermedades pueden transmitirse por este medio. Es triste comprobar cuántos millones todavía no conocen la más elemental información sobre cómo se transmite el SIDA y cómo se puede prevenir. Saber es poder. Mientras más hombres y mujeres lo sepan, más control tendrán sobre sus propias vidas. Esto no significa necesariamente que porque la gente «sepa» no se va a involucrar en conductas riesgosas; algunas personas continuarán viviendo vidas reprobables a pesar de todas las advertencias que se les haga.

A los hombres y a las mujeres debe educárseles sobre el riesgo asociado con formas de vida y conductas que están fuera de los límites fijados por Dios. Los pastores en todo lugar deberían incluir en sus predicaciones y enseñanzas la abstinencia sexual antes del matrimonio y la fidelidad mutua en el matrimonio, tal como lo enseña la Biblia: «Pero a causa de las fornicaciones, cada uno tenga su propia mujer, y cada una tenga su propio marido».[15]

Al leer cuidadosamente la literatura acerca del SIDA se me ha hecho absolutamente obvio que los condones no son la respuesta. Hay informes científicos que dicen que los condones, si se usan correctamente, pueden ofrecer algún grado de protección contra el SIDA y otras enfermedades transmitidas sexualmente, pero la distribución de condones alienta la conducta sexual promiscua. En los últimos diez años, las Naciones Unidas y las organizaciones mundiales de salud junto con el gobierno de los Estados Unidos han distribuido cientos de millones de condones. A pesar de esta distribución masiva, los índices de infestados por el SIDA siguen subiendo. La única respuesta para revertir la marea es adoptar los criterios fijados por Dios para la conducta sexual: *abstinencia antes del matrimonio y fidelidad mutua dentro del matrimonio*.

Distribución de recursos

Donde sea posible, la iglesia necesita trabajar con los gobiernos y otras agencias alrededor del mundo para ayudarles en la distribución de recursos para la educación y programas útiles. Me siento agradecido que el gobierno de los Estados Unidos contribuya con un tercio de la ayuda para luchar contra el SIDA en todo el mundo.[16] Es lo menos que podríamos hacer, tomando en cuenta que la declinación de nuestros valores morales manifestados en nuestra música popular, el cine y la televisión son un factor importante en la extensión de este mal.

Presentar claramente la esperanza que tenemos en Cristo Jesús

No soy ingenuo con respecto a la naturaleza humana. La razón porque el SIDA viene acaparando la atención mundial es porque no tiene cura y conduce a una muerte segura, pero hay una gran variedad de otras enfermedades que se transmiten sexualmente. Algunas, como el SIDA, tampoco tienen cura. Varias pueden tratarse, pero investigadores informan que son resistentes a los tratamientos médicos actuales. Todas las enfermedades transmitidas sexualmente conducen al dolor y al sufrimiento. Pueden destruir la salud y, en algunos casos, causar la muerte. No importa cuán educados seamos, el pecado sigue engañando, y la gente seguirá involucrándose en situaciones amenazantes para sus vidas y en conductas altamente riesgosas con tal de lograr un momento de gratificación sexual. ¿Pero no será posible hacer algo? Si podemos reducir los índices anuales de infección en sólo un veinte por ciento mediante la educación basada en la Biblia, eso evitaría que un millón de personas cada año contraigan la enfermedad. Si la reducción es de un cuarenta por ciento, estaríamos hablando de dos millones de personas anualmente, cuyas almas valen mucho para Dios. No hay cura para el SIDA. Pero hay esperanza si nos volvemos a Dios y seguimos sus leyes y mandamientos. Esta batalla podemos ganarla a su tiempo con la ayuda de Dios. Sí podemos.

Los seguidores de Jesucristo deberían alcanzar con amor a quienes no tienen la misma esperanza que nosotros tenemos en Cristo Jesús. «El amor es sufrido, es benigno ... Todo lo sufre, todo lo cree, todo lo espera, todo lo soporta. El amor nunca deja de ser».[17] Trabajemos de una manera como nunca antes lo hemos hecho y demostremos con acción, no sólo con palabras, que nos preocupamos por los demás porque Dios también se preocupa por ellos. Cada alma es preciosa a la vista de Dios. ¿No debería serlo también para nosotros?

EL LLAMADO A COMBATIR

Mi deseo es ver a un ejército de hombres y mujeres cristianos saliendo por todos los rincones del mundo para presentar batalla contra el SIDA. En su instancia final, todo ejército es sólo tan fuerte como lo son sus soldados. El ejército del Señor Jesucristo no es diferente. Quisiera contar la historia de un «soldado de infantería» en la lucha contra el SIDA.

En la conferencia «Receta para una esperanza» conocí a Avis Rideout, una canadiense que es una bola de energía. Avis tiene una gran pasión por lograr que tanto bebés con SIDA como pecadores puedan encontrar una nueva vida.

Cuando en 1972 Avis y su esposo Roy fueron a Tailandia como misioneros, ninguno de ellos se imaginaba que un día serían soldados de primera línea en la lucha contra esta horrible enfermedad. Avis era enfermera pero en ese tiempo el SIDA aun no había aparecido. Tailandia, famosa por su promiscuidad sexual, pronto llegó a ser el más infestado entre los países asiáticos.

A mediados de la década de 1990, lo que Avis entendía que era el propósito de Dios para su vida cambió radicalmente. Esto ocurrió durante una visita a un hospital-guardería para bebés víctimas del SIDA sostenido por el gobierno. Mientras estuvo allí, Avis vio bebés enfermos y muriendo debido a los actos de otros, echados en sus camitas, algunos con sus estómagos hinchados y cubiertos de úlceras, desatendidos y solos. Debido al miedo de que el más leve contacto con los niños enfermos los expusiera al contagio, el personal del hospital usaba guantes de goma y se mantenían tan alejados como les era posible de estas criaturas que no tenían quién las amara. Ella expresó: «Vi cómo morían estos bebés, no de SIDA, sino de rechazo». Su corazón se rompió.

Ella y Ron vieron a una pequeña de nombre Nikki. Había perdido su pelo y estaba «en los huesos» y a punto de morir. Conmovidos por la compasión de Cristo, decidieron llevarla a su casa. No poco después, los Rideout abrieron su Hogar Ágape, un lugar dedicado únicamente al cuidado de niños con SIDA.

Desde entonces, ciento veintinueve bebés con SIDA han llegado al Hogar Ágape donde a cada uno se le toma en brazos, se le toca, se le besa y se le ama. Avis dice: «Es como dar vida y esperanza cuando no hay esperanza. Hemos visto resultados fantásticos, porque hemos podido darles amor y cuidado a través de tocarlos, alzarlos en los brazos y hablarles».

Cada niño recibe cuidado médico y nutricional. Pero lo mejor de todo es que a cada uno se le da ternura, un toque personal y amor en el Nombre de Jesús. Y ningún niño muere solo. Los miembros del personal alzan en sus brazos al niño moribundo, le manifiestan afecto delicado, les cantan del amor de Jesús y repiten porciones de las Escrituras para consolarlos. Algunos de estos niños, como Nikki, han crecido y están fuertes. Muchos parecen niños normales. En el caso de Nikki, ella sigue teniendo SIDA. Algún día va a morir, pero si no hubiera sido por Avis y Ron, Nikki y ciento veintinueve otros niños habrían sido condenados a morir sin ninguna esperanza. A cada niño que llega al Hogar se le da algo que necesita desesperadamente, y eso es amor: el amor de Cristo que fluye a través de quienes aceptan su Nombre. Jesús dice: «En cuanto lo hicisteis a uno de estos mis hermanos más pequeños, a mí lo hicisteis».[18]

En la conferencia «Receta para una esperanza», Avis hizo claro que hay una enfermedad aun más mortal que el SIDA. Ella dijo: «Yo soy una evangelista. Mi corazón palpita constantemente por las almas perdidas de este mundo. Veo en los Estados Unidos y en otros países una enfermedad mayor que el SIDA: es el pecado ... El pecado es muerte. Pero hay una esperanza eterna y paz mediante Cristo Jesús ... Si hubiese habido sólo un bebé muriendo de SIDA sin esperanza, Dios habría enviado a su Hijo a morir por ese niño».

Avis tiene toda la razón. Al ministrar a millones, jóvenes y viejos, podemos ir en una misión de rescate para salvar a los infestados con SIDA y a los enceguecidos por el pecado, compartiendo con ellos la gracia, misericordia y perdón de Dios que se encuentran únicamente a través del Nombre.

16

LA SANGRE DE
LA TIERRA

De nuevo la sangre fluye en esta vieja tierra.

Así como las páginas finales de este libro están escritos los titulares que gimen por paz. La Biblia habla de «paz, paz; y no hay paz».[1]

Un reciente número de una revista de noticias traía las fotos de dos jovencitas, Rachel y Ayat. Rachel, israelita, fue al mercado en el sur de Jerusalén a comprar provisiones para la celebración de la Pascua. Ayat, palestina, fue a la misma tienda a comprar venganza por siglos de odio. En el momento que las dos jovencitas se encontraron en la entrada, Ayat, una bomba humana, detonó los explosivos adheridos a su cuerpo. Ambas murieron. Dos preciosas vidas jóvenes extinguidas.[2]

¿Por qué esa violencia sin sentido? ¿Qué es lo que tiene esta «no tan santa» Tierra Santa que ha inflamado las pasiones por siglos? Aunque el terreno y el clima son sorprendentemente variados para ser un país tan pequeño, la tierra no es abundantemente rica en recursos naturales. Las fronteras, aun cuando extendidas, no cubren más que dieciséis mil kilómetros cuadrados, una sexta parte del tamaño de California. La población de Israel es de cinco y medio millones, el número de personas que viven en el área de la Gran Filadelfia o de Toronto. ¿Entonces cuál es el problema?

Es el propio Señor que dijo: «Esta es Jerusalén; la puse en medio de las naciones y de las tierras alrededor de ella».[3]

Geográficamente, Jerusalén es el centro de la tierra. En la Iglesia del Santo Sepulcro hay una marca en el piso, equidistante entre el lugar de la cruz y el sepulcro. Se le llama «el centro del mundo». El norte en la Biblia, es al norte de Jerusalén, el este es al este de Jerusalén, el sur es al sur de Jerusalén y el oeste es al oeste de Jerusalén. Basta con echar una mirada a un mapa para comprobar que Jerusalén está localizada en una tierra puente que comunica Asia, África y Europa.

Espiritualmente, Jerusalén es también el centro de salvación de la tierra. En el pozo de Jacob, Jesús le dijo a la mujer de Sicar que «la salvación viene de los judíos». Él estaba hablando de la más grande necesidad del hombre. Claro, el hombre está hambriento y necesita alimentarse. Está desnudo y necesita vestirse. Es inculto y necesita educarse. Pero el hombre está perdido y necesita ser salvado. Y sólo Dios es el Salvador. «Y no hay más Dios que yo; Dios justo y Salvador ... Mirad a mí, y sed salvos, todos los términos de la tierra, porque yo soy Dios, y no hay más».[4] La única salvación que Dios proveyó para el mundo estaba fuera de las puertas de Jerusalén, en un lugar conocido como Monte Calvario.

Proféticamente, Jerusalén es también el centro de la tormenta mundial. Hombres de estado y líderes del mundo siempre han estado conscientes de que Jerusalén es la caja de yesca. Al mirar al futuro cercano y lejano, los problemas en Asia, Europa y África son minúsculos comparados con las volátiles erupciones en Oriente Medio, relacionados con la ciudad de Jerusalén.

Dios dijo: «He aquí yo pongo a Jerusalén por copa que hará temblar a todos los pueblos de alrededor contra Judá, en el sitio contra Jerusalén. Y en aquel día yo pondré a Jerusalén por piedra pesada a todos los pueblos ... bien que todas las naciones de la tierra se juntarán contra ella».[5]

Finalmente, Jerusalén será el centro de gloria del mundo. El Dios omnipotente ha determinado que esta tierra se reconcilie con Él. La casa del Señor será establecida en lo alto de los montes.[6] Todas las naciones se dirigirán a ella. El Dios de Jacob enseñará sus caminos a las naciones. Los hombres, todos los hombres, andarán en sus sendas. La ley se hará fuerte desde Sion, y la palabra del Señor desde Jerusalén. Las naciones no levantarán espada contra las naciones; ni habrá más guerra.[7]

Sabemos que por decisión de Dios la tierra de Israel está donde Él determinó que ocurrieran los conflictos fundamentales de la historia humana. Por cierto, esta tierra se ha empapado de más sangre en cada generación que cualquier otro lugar en la tierra, desde los tiempos cuando Dios dio su pacto a Abraham hasta nuestros días. Esta misma tierra absorbió la más preciosa sangre de todas, la fuente vivificadora que corrió desde una cruz romana, donde el Señor Jesucristo fue colgado y murió por los pecados de este mundo.

Yo he viajado extensamente por el Medio Oriente. Innumerables veces he cruzado desde Jordania a Israel utilizando el puente Allenby, que se extiende sobre el río Jordán hasta nuestros días. Este puente se construyó en honor del general Allenby, el comandante de las Fuerzas Británicas a las que Dios usó tan milagrosamente para la conquista de Jerusalén sin que se disparara un solo tiro. Tengo varios amigos en la región y he trabajado por años allí. Es una parte cautivante del mundo. Las divisiones son tan profundas que cualquier solución parece imposible.

Las estanterías de las bibliotecas están llenas de libros que tratan de explicar el dilema del Medio Oriente. Cualquier noche de la semana, es posible ver eruditos discutiendo posibles soluciones al problema árabe-israelí. Diplomáticos de todas las administraciones estadounidenses desde la Segunda Guerra Mundial han hecho incontables viajes para ayudar en el «proceso de paz». ¿Cómo fue que se llegó a esta situación tan difícil?

Conozco sólo un lugar al cual acudir para encontrar una respuesta confiable y, además, hallar esperanza. Volvamos a las Escrituras. En las páginas que siguen, quiero hacer un boceto, comenzando con el pacto de Dios con Abraham y los pasajes más importantes que reafirman este pacto y las profecías sobre el Estado de Israel. Todo comenzó con una promesa.

LA PROMESA DE UNA TIERRA

Dios le prometió a Abraham y su descendencia una tierra. Abraham, o Abram, como se le conocía entonces, vivía a unos cuantos miles de kilómetros, en Ur de los Caldeos, que es el Irak de hoy.

> Pero Jehová había dicho a Abram: Vete de tu tierra y de tu parentela, y de la casa de tu padre, a la tierra que te mostraré. Y haré de ti una nación grande, y te bendeciré, y engrandeceré tu nombre, y serás bendición. Bendeciré a los que te bendijeren, y a los que te maldijeren, maldeciré; y serán benditas en ti todas las familias de la tierra.
>
> Y se fue Abram, como Jehová le había dicho, y Lot fue con él ... y a tierra de Canaán llegaron ... Y apareció Jehová a Abram, y le dijo: A tu descendencia daré esta tierra.[8]

Debido a que Abraham y Sara eran incrédulos, decidieron ayudar un poco a Dios. Hicieron suyo el problema en lugar de esperar en el Señor.·

¿No hacemos nosotros lo mismo? La «brillante» idea de Sara (el relato bíblico dice que Abraham no tuvo objeción alguna) para ayudar a Dios fue hacer arreglos para que Abraham tuviera un hijo con su sierva Agar. El resultado de tal arreglo fue un niño al que se le dio el nombre de Ismael.

No fue sino hasta catorce años después que Abraham y Sara tuvieron el hijo que Dios les había prometido. Su nombre fue Isaac. Todavía Ismael no se había desvanecido en la oscuridad histórica. Después que Agar tuvo a Ismael, Dios le dijo: «Levántate, alza al muchacho, y sostenlo con tu mano, porque yo haré de él una gran nación».[9] Con el tiempo, Ismael llegó a ser el padre de doce príncipes que tuvieron muchos descendientes que vagaron por el desierto del norte de Arabia como nómadas. En los días actuales, los árabes trazan su línea genealógica hasta Ismael.[10]

Lamentablemente, la impaciencia y desobediencia de Sara y Abraham ha hecho que la sangre se derrame en esta tierra. Los resultados se ven hasta el día de hoy. Ayat, la muchacha bomba que se suicidó quitándole la vida a Rachel en el mercado de Jerusalén, era una descendiente de Ismael atacando a una descendiente de Isaac: primos matando a primos.

El pacto de Dios vino a través de Isaac. ¿Por qué? Porque Isaac fue el hijo que Dios prometió a Abraham y a Sara. Ismael no era el hijo prometido. El hijo de Isaac, Jacob, tuve doce hijos que poblaron la tierra. Pasado el tiempo, una hambruna llevó a sus descendientes a Egipto como inmigrantes donde vivieron durante cuatrocientos años. Dios, entonces, reafirmó a Moisés que el pacto en cuanto a la tierra seguía en pie: «Y os meteré en la tierra por la cual alcé mi mano jurando que la daría a Abraham, a Isaac, y a Jacob; y yo os la daré por heredad. Yo Jehová».[11]

UNA TIERRA OCUPADA

Esta historia familiar nunca envejeció. Dios escogió a Moisés para que guiara a su pueblo, los hijos de Israel, fuera de la cautividad en Egipto a la tierra que había prometido a Abraham a través de su hijo Isaac. Después de la milagrosa huida cruzando el Mar Rojo donde se ahogó el ejército egipcio, los israelitas estaban en posición de establecerse en Canaán. Debido a su incredulidad y desobediencia, toda esta generación, formada por varios millones de personas, vagaron por cuarenta años en el desierto. Finalmente, a través del liderazgo de Josué, el sucesor de Moisés, los israelitas entraron a su tierra prometida, la que «fluye leche y miel».

Mucho antes de que llegaran a Canaán, Dios le dijo a Moisés:

> He aquí, tú vas a dormir con tus padres, y este pueblo se levantará y fornicará tras los dioses ajenos de la tierra adonde va para estar en medio de ella ... Porque yo les introduciré en la tierra que juré a sus padres, la cual fluye leche y miel; y comerán y se saciarán, y engordarán; y se volverán a dioses ajenos y les servirán, y me enojarán, e invalidarán mi pacto.[12]

Y esto fue exactamente lo que sucedió. Tal como Dios lo había predicho:

> Yo os saqué de Egipto, y os introduje en la tierra de la cual había jurado a vuestros padres, diciendo: No invalidaré jamás mi pacto con vosotros, con tal que vosotros no hagáis pacto con los moradores de esta tierra, cuyos altares habéis de derribar; mas vosotros no habéis atendido a mi voz. ¿Por qué habéis hecho esto? Por tanto, yo también digo: No los echaré de delante de vosotros, sino que serán azote para vuestros costados, y sus dioses os serán tropezadero.[13]

Esos «aguijones» siguen punzando a los judíos hasta el día de hoy, a menudo haciendo brotar sangre, e impidiendo que Israel tenga una paz duradera.

Con el tiempo, los judíos exigieron un rey. Ese no era el plan perfecto de Dios, pero les dio lo que pedían en la persona de un hombre llamado Saúl.[14] Cuando Saúl se alejó de Dios, Dios levantó al joven pastor David para que atendiera a su rebaño, el pueblo de Israel. Bajo el reinado del rey David y su hijo y sucesor, Salomón, Israel alcanzó el pináculo de su antigua gloria. Este reino abarcaba mucho del territorio del actual Israel, Líbano y parte de Jordania y Siria.

ÉXODO EN REVERSA

Después de siglos de continua desobediencia, en el año 586 a.C., Dios finalmente dijo: «¡Suficiente!» Y envió juicio sobre Israel por sus pecados y permitió que los babilonios capturaran Jerusalén. Muchos judíos fueron llevados a Babilonia como esclavos, mientras que sólo un remanente permaneció en Israel bajo el gobierno de otros. El salmista escribió:

Nos entregas como ovejas al matadero, y nos has esparcido entre las naciones.[15]

Junto a los ríos de Babilonia, allí nos sentábamos, y aun llorábamos, acordándonos de Sion.[16]

A través del profeta Ezequiel, Dios expuso sus razones:

Vino a mí palabra de Jehová, diciendo: Hijo de hombre, mientras la casa de Israel moraba en su tierra, la contaminó con sus caminos y con sus obras ...Y derramé mi ira sobre ellos por la sangre que derramaron sobre la tierra; porque con sus ídolos la contaminaron. Les esparcí por las naciones, y fueron dispersados por las tierras; conforme a sus caminos y conforme a sus obras les juzgué. Y cuando llegaron a las naciones adonde fueron, profanaron mi santo nombre.[17]

Bajo el liderazgo del profeta Nehemías, cierto número de cautivos en Babilonia finalmente regresaron y reconstruyeron los muros alrededor de Jerusalén. Con el tiempo, los judíos se arrepintieron, pero ya la tierra no era de ellos. Por los próximos seiscientos años, vivieron bajo una sucesión de gobernantes extranjeros.

Cuando Jesús inició su ministerio público a los treinta años de edad, muchas personas de esos días esperaban que se revelara como un mesías político que pudiera restaurar el reino de Israel y expulsar a los romanos de su tierra. Hasta donde sabemos, Jesús visitó Jerusalén sólo siete veces. Cuando hizo su última visita (en su entrada triunfal a la ciudad) en la forma de un siervo humilde montando un asno en lugar de un conquistador militar victorioso, Él predijo tiempos más difíciles para la ciudad y el pueblo al que amaba:

> Y cuando llegó cerca de la ciudad, al verla, lloró sobre ella, diciendo: ¡Oh, si también tú conocieseis, a lo menos en este tu día, lo que es para tu paz! Mas ahora está encubierto de tus ojos. Porque vendrán días sobre ti, cuando tus enemigos te rodearán con vallado, y te sitiarán, y por todas partes te estrecharán, y te derribarán a tierra, y a tus hijos dentro de ti, y no dejarán en ti piedra sobre piedra, por cuanto no conociste el tiempo de tu visitación.[18]

UN ANHELO DESESPERADO
POR LIBERTAD

Después que Jesús murió en la cruz, fue sepultado, se levantó de la tumba y regresó al cielo, los judíos hicieron un último intento para expulsar a los romanos y tomar control de su nación. Esta resistencia alcanzó su clímax en el año 70 d.C. cuando un gran contingente del ejército romano rodeó Jerusalén, poniendo sitio a la ciudad, irónicamente, durante la Pascua.

Los ciudadanos de Jerusalén pelearon con fiereza, pero poco a poco los romanos los fueron desgastando. Las provisiones dentro de la ciudad empezaron a menguar y casi sin alimentos, «la gente se comía sus sandalias y se mataban por un pedazo de pan».[19] Por las noches, los más osados se deslizaban fuera de la ciudad para tratar de encontrar algo para comer. Si eran sorprendidos por los soldados romanos era posible que los crucificaran. Cuando los romanos capturaban a un soldado judío, le cortaban las manos y lo enviaban de vuelta a la ciudad. El razonamiento de los romanos para hacer eso era que el soldado no podría pelear, pero sí necesitaba comer, lo que hacía más grave la crisis de falta de alimento.[20]

El historiador Josefo dice:

> El hambre devoraba a la gente de casas y familias enteras; los cuartos superiores estaban llenos de mujeres y niños que se morían de hambre; y las calles de la ciudad estaban llenas de cuerpos de ancianos; también los niños y los jóvenes vagaban por los mercados como sombras, todos hinchados por el hambre, y caían muertos dondequiera que su miseria los alcanzara ... Ni había lamentación alguna bajo estas calamidades, ni se oía ningún lamento ... aquellos que ya iban a morir, miraban a los que se habían ido a su descanso antes que ellos con ojos secos y bocas abiertas. Sobre la ciudad había caído un silencio profundo, como una especie de noche mortal.[21]

En la medida que el cerco continuaba, los romanos fueron destruyendo metódicamente toda la ciudad.

Con el Templo en llamas, el comandante romano, Tito, entró a echarle una mirada. Josefo relata: «Ellos [los judíos] yacían muertos por todas partes y todo se veía destruido. La mayor parte de los cuerpos se veían débiles y sin brazos y con sus cuellos cortados. Alrededor del altar yacían cuerpos sin vida amontonados unos sobre otros; y por la escalera que permitía llegar a la parte superior había mucha sangre».[22]

Finalmente, Jerusalén cayó y los prisioneros fueron ejecutados o tomados como esclavos.[23] La ciudad, en ruina total, fue abandonada. Por veinte siglos, los judíos no gobernarían ni tendrían mayor influencia allí.

¿Significaba todo esto que Dios había roto su promesa? ¡No! Una promesa es una promesa. Su pacto permanece para siempre. La promesa que Dios había dado cuatrocientos años antes sigue vigente hasta el día de hoy; y estará vigente mañana y diez mil años después de ahora. Dios siempre cumple su palabra. Su Palabra no puede ser invalidada por las Naciones Unidas, ni por la voluntad de los políticos, ni por nadie. Unos pocos años atrás, cuando se le preguntó a un líder israelí si cambiaría un poco de tierra por paz, se dice que respondió: «No podemos dar a otros lo que Dios nos ha prometido a nosotros».

SIGLOS SIN HOGAR

Un remanente de los judíos permaneció en su tierra, pero los romanos continuaron gobernando la ciudad con puño de hierro por otros doscientos años y algo más, en los cuales reconstruyeron a Jerusalén y levantaron un altar pagano sobre los fundamentos del Templo. En el año 611 d.C., una vez más Jerusalén fue destruida, esta vez por los invasores persas.

Para entender mejor las tensiones en la Jerusalén de hoy, es importante saber algo del fundador del Islam, Mahoma. Él asegura haberse levantado del templo de Jerusalén y haber hablado con el ángel Gabriel. Esta leyenda sobre la experiencia de Mahoma transformó a Jerusalén en un lugar santo para los musulmanes. Es interesante notar que este mismo lugar es donde los judíos creen que Abraham fue a sacrificar a Isaac cientos de años antes.[24]

Después de la muerte de Mahoma en el 632, un ejército de árabes, descendientes de Ismael y simpatizantes de Mahoma y de su credo, conquistaron la tierra que Dios había prometido a Abraham y sus descendientes a través de Isaac. Más tarde, los musulmanes construyeron una mezquita, conocida hoy día como la Cúpula de la Roca, sobre los cimientos donde una vez estuvo el templo de Salomón.

Los seguidores de Mahoma gobernaron en el área por más de cuatrocientos años hasta que Jerusalén les fuera arrebatada en el año 1099, durante las infames Cruzadas. Guerras esporádicas continuaron hasta que en 1187, en una *jihad* o guerra santa, los musulmanes reconquistaron Jerusalén. Transcurrieron varios siglos en que el control de la ciudad fue pasando de una mano a otra, con largos períodos de dominio por los mamelucos de Egipto y los turcos otomanos.

No fue sino hasta finales del siglo diecinueve que el intento por instalarse de nuevo, alimentado por el movimiento sionista, ganó terreno. Originalmente, el movimiento sionista trabajó para el establecimiento de una comunidad judía en Palestina y más tarde apoyó un moderno Estado de Israel. La persecución de judíos en Rusia estimuló estos esfuerzos. Un judío llamado Theodor Herzl dirigía el movimiento sionista. Más tarde, el Dr. Chaim Weizmann lo continuó y lo expandió. Bajo su liderazgo, el movimiento sionista empezó a comprar decenas de miles de acres de tierra en un esfuerzo determinado a reclamar una vez más su patria. En 1914, el número de judíos residentes en el área (entonces conocida como Palestina) sumaba más de cien mil.[25]

Por más de doscientos años, Israel sólo había sido una nación en la historia, que no existía geográficamente. El pueblo judío estaba esparcido a través de todas las naciones del mundo. Su idioma dejó oficialmente de hablarse y se le consideró como una lengua muerta y olvidada, la cual era usada y estudiada principalmente por eruditos, más o menos como el latín.

Cuando mi padre crecía en una granja de Carolina del Sur, leía las profecías bíblicas sobre el Estado de Israel, lo cual era un misterio. En ese tiempo, ¡Israel no existía! ¿Cómo podía ser posible? Sin embargo, la Biblia hablaba de Israel en los últimos días.

Sin él saberlo y con él mucha otra gente en ese tiempo, Dios estaba cumpliendo una de sus grandes profecías. Estaba empezando a llevar de vuelta a su pueblo a su tierra. Estaba empezando el lento renacimiento de su idioma hebreo, que hoy se habla en Israel. ¡De nuevo, Dios cumplía sus promesas!

Cerca del fin de la Primera Guerra Mundial, los británicos capturaron Palestina, o lo que es ahora el Israel moderno, como parte de una ofensiva aliada contra Alemania y el Imperio Otomano. En noviembre de 1917, los británicos emitieron la Declaración de Balfour, la cual establecía que Gran Bretaña favorecía el establecimiento en Palestina de un «hogar nacional para el pueblo judío».

Cuando los aliados ganaron la guerra, Palestina pasó a estar bajo una administración militar británica, y se alentó la inmigración judía a territorios no ocupados o «yermos». Pronto se reclamaron áreas de la tierra prometida a los judíos, las que por vastos períodos habían estado inhabitadas y sin cultivar. Los árabes que habían controlado la región por más de mil años se opusieron a la llegada de los nuevos vecinos judíos. De vez en cuando se producían encuentros armados los que provocaban muertos por ambos lados.

En las décadas anteriores a la Segunda Guerra Mundial, la inmigración judía a Palestina se elevó, igual que la oposición árabe. Cuando la guerra comenzó, la situación política para los judíos en la Tierra Santa se deterioró por lo que la inmigración prácticamente se detuvo. Esto dejó a millones de judíos, que pudieron haber emigrado a la tierra prometida atrapados en la Europa de Hitler. Trágicamente, millones de ellos perecieron en el Holocausto.

Después que la Segunda Guerra Mundial concluyó, los Estados Unidos, bajo el liderazgo del presidente Harry Truman, convencieron a los británicos para que permitieran que cien mil judíos que vivían en campos de refugiados en Europa emigraran a Palestina. Esto abrió un flujo de inmigrantes judíos que de todas partes del mundo regresaron a su tierra.

El 29 de noviembre de 1947, en Lake Success, Nueva York, las Naciones Unidas, por treinta y tres votos contra trece, declararon que el Estado de Israel, habiendo estado inactivo por doscientos cincuenta años, debía renacer.[26] Este acuerdo permitió que se

cumplieran una serie de profecías bíblicas posteriores al tiempo
en que los babilonios llevaron a los judíos a la cautividad.

Vienen a mi mente las palabras del profeta Isaías, en el
Antiguo Testamento:

> ¿Quién oyó cosa semejante? ¿quién vio tal
> cosa? ¿Concebirá la tierra en un día?
> ¿Nacerá una nación de una vez? Pues en
> cuanto Sion estuvo de parto, dio a luz sus
> hijos.[27]
>
> Y levantará pendón a las naciones, y
> juntará los desterrados de Israel, y reunirá
> los esparcidos de Judá de los cuatro
> confines de la tierra.[28]

Con la fundación de la nación de Israel, fue como si el mundo
tuviera delante de sus propios ojos lo que dijo el profeta
Ezequiel:

> La mano de Jehová vino sobre mí, y me llevó en el Espíritu de
> Jehová, y me puso en medio de un valle que estaba lleno de
> huesos ... Me dijo luego: Hijo de hombre, todos esos huesos
> son la casa de Israel. He aquí, ellos dicen: Nuestros huesos
> se secaron, y pereció nuestra esperanza, y somos del todo
> destruidos. Por tanto, profetiza, y diles: Así ha dicho Jehová
> el Señor: He aquí yo abro vuestros sepulcros, pueblo mío, y
> os haré subir de vuestras sepulturas, y os traeré a la tierra de
> Israel.[29]

Jeremías predijo:

> Y yo mismo recogeré el remanente de mis ovejas de todas las
> tierras adonde las eché, y las haré volver a sus moradas; y
> crecerán y se multiplicarán.[30]

Y Miqueas, por su parte, afirmó:

> De cierto te juntaré todo, oh Jacob; recogeré ciertamente el resto de Israel; lo reuniré como ovejas de Bosra, como rebaño en medio de su aprisco; harán estruendo por la multitud de hombres.[31]

Una vez más, los judíos habían reclamado la tierra que Dios les había prometido a través de Abraham.

Al día siguiente, después que la nación había vuelto a nacer, Israel fue atacada por todos lados por ejércitos que representaban a los países de la Liga Árabe. Su objetivo era echar a los judíos al Mediterráneo y reclamar la tierra para ellos. Israel los derrotó.

En 1956, ocho años más tarde, una vez más la región se vio envuelta en una guerra. De nuevo, Israel sobrevivió.

En 1967, en lo que se conoce como «la guerra de los seis días», Israel derrotó a sus enemigos árabes aplastando a los ejércitos de Siria, Egipto y Jordania. La nación de Israel salió de nuevo victoriosa.

En 1973, en lo que se conoce como la guerra de Yom Kippur, de nuevo Egipto y Siria intentaron destruir el Estado de Israel y, en un ataque sorpresivo, casi los derrotaron. Una vez más, Israel sobrevivió.

La sangre corrió ayer, y aún sigue corriendo hoy.

Cientos de miles de árabes palestinos han sido desplazados y, trágicamente, han terminado en campos de refugiados diseminados a través de todo el Medio Oriente. De estos campos de miseria y desesperación surgen muchos de los terroristas y «bombas humanas» de hoy.

La pregunta persiste: ¿A quién pertenece esta tierra? La tierra llamada Israel pertenece, en primer lugar, a Dios. Él dice claramente en su Palabra: «La tierra no se venderá a perpetuidad, porque la tierra mía es».[32] Sólo Dios, de quien es la tierra, tiene el derecho de conceder los «derechos de tierra». No hay dudas de que Dios se la dio a Abraham, Isaac y Jacob. Debido a la desobediencia de Abraham y sus descendientes por siglos, hoy día la tierra se enfrenta con este dilema. El único que tiene las respuestas a esta situación tan desagradable y sangrienta es Cristo Jesús, el Señor.

Aunque algunas noticias nunca alcanzan la primera página de los diarios, hay árabes y judíos que coexisten armoniosamente en Israel. La paz es posible.

Jesús amó a su pueblo y su tierra.

> ¡Jerusalén, Jerusalén, que matas a los profetas, y apedreas a los que te son enviados! ¡Cuántas veces quise juntar a tus hijos, como la gallina junta a sus polluelos debajo de las alas, y no quisiste! He aquí vuestra casa os es dejada desierta. Porque os digo que desde ahora no me veréis, hasta que digáis: «Bendito el que viene en el nombre del Señor».[33]

El nombre *Jerusalén* quiere decir «fundación de paz». Un día habrá paz en Jerusalén. Oro que ese día llegue pronto, cuando el Príncipe de Paz, el Rey de reyes, el Nombre sobre todo nombre, regrese. «Pedid por la paz de Jerusalén; sean prosperados los que te aman».[34]

LA RAÍZ DEL PROBLEMA

Para resumir todo esto, ¿cuál es la raíz del problema en el Medio Oriente hoy? En una palabra, el pecado.

¿El pecado de quiénes? ¿De los judíos?

Sí.

¿De los árabes?

Sí.

Si se busca en el pasado, se llegará hasta el padre de ambos, Abraham, cuando él y Sara se impacientaron mientras esperaban la bendición de Dios, el hijo de la promesa, Isaac.

Los disturbios que resultaron de este pecado han llegado hasta las costas de los Estados Unidos, a un lugar llamado la Zona Cero.

17

EL UMBRAL
DEL DIABLO

Me sentí como si estuviera en la puerta de entrada del infierno.

Tanta destrucción, el olor de la muerte, y una delgada bruma de polvo y humo adhiriéndose al aire. Ese día, la Zona Cero en el Battery Park del Bajo Manhattan parecía la puerta de entrada al infierno.

El famoso alcalde de Nueva York, Rudy Giuliani me había invitado a hacer la oración de clausura en un servicio de recordación en honor de los que murieron en los ataques del 11 de septiembre contra las torres del Centro de Comercio Mundial.

Cerca de las vigas de hierro retorcido y de los cráteres de desechos conocidos como «la pila», donde sólo siete semanas antes dos de las más grandes torres del mundo se habían venido al suelo, habían levantado una plataforma improvisada. Después de ocupar mi asiento junto al alcalde y otros dignatarios y participantes, me puse a pensar en esa escena surrealista que tenía ante mis ojos.

Detrás de mí, el humo producido por escapes de gases y el

fuego todavía no extinguido desde los ataques terroristas salía de entre pedazos de concreto, metal derretido, vidrio y otra basura. Las mangueras de los carros de bomberos lanzaban agua para apagar el fuego que aún ardía en muchos lugares, causando que una nube de vapor se mezclara con el humo y el fuego. Un polvo fino, casi imperceptible, me cubrió el cabello, la piel y la ropa.

Pero lo que más hería mis sentidos era el hedor que provenía del combustible de los aviones que seguía ardiendo y de la incineración de cientos de cuerpos pulverizados.

Una bandera estadounidense flameaba en el centro de la pila. En un edificio cercano, un letrero decía: «Nunca olvidaremos». Era la razón por la que estábamos allí: para ayudar a recordar a los muertos. No sólo bomberos, policías, residentes en las torres y visitantes habían perecido en el colapso de los edificios. Pilotos, asistentes de vuelo, pasajeros, todos habían caído en esa fosa común. Todos los que murieron ese día dejaron tras ellos familiares que ahora luchaban contra la pérdida, el dolor y las preguntas que no tenían respuestas.

No pude dejar de pensar: *Este es un cuadro del infierno: el grado de devastación, el fuego que no se apaga y el hedor de la muerte*. El horror me hizo temblar.

Para la recuperación de los restos humanos se trabajaba las veinticuatro horas del día. Cada vez que se reconocían los restos de algún cuerpo, sonaba una sirena y todos los trabajadores cesaban en su actividad. Venía una ambulancia y los operadores bajaban una camilla. Las partes de los cuerpos descubiertas eran puestas delicadamente y con toda dignidad dentro de bolsas para ese propósito. Los trabajadores formaban dos filas y permanecían en respetuosa atención mientras se ponía la camilla dentro de la ambulancia. Sólo después que el vehículo se había ido y se perdía de vista rumbo a la morgue, se reanudaba el trabajo de limpieza en la Zona Cero.

Estas esforzadas cuadrillas trabajaban día y noche, en turnos de doce horas, buscando cuidadosamente entre las miles de toneladas de escombros y basura contaminados ahora por los fluidos de los cuerpos de los muertos.

Pero el sobrio cuadro de muerte y destrucción detrás de mí se complementaba con un panorama de diferente tristeza que estaba delante de mí: miles de familiares esperaban el servicio de oración, muchos de ellos contemplando por vez primera el escenario del crimen donde sus seres queridos habían perecido trágicamente.

Permanecían sentados en largas filas de sillas plegables que se hacinaban en las calles y espacios abiertos. Algunos usaban mascarillas para reducir la inhalación del aire contaminado y del mal olor. Los que estaban sentados sumaban miles, pero muchos más permanecían de pie, apretados unos contra otros, un mar de rostros que se extendía a todo lo largo de la calle.

La multitud estaba formada por personas desde bebés hasta ancianos, famosos y desconocidos, estadounidenses y extranjeros, negros y blancos, de todos los credos y fe. Con expresiones como de ausencia, muchos sostenían en sus manos fotografías que de vez en cuando levantaban al cielo en memoria de los seres queridos perdidos y de los sueños desbaratados. Sus rostros tensos revelaban pensamientos interiores, ruegos silenciosos expresados en lágrimas que parecían gritar: «¿Por qué?»

Pequeñas urnas, llenas con tierra recogida en el lugar, se entregaban a los familiares. Para muchos, eso sería el punto final de todo porque cientos de cuerpos jamás se recuperarían. Las noticias dijeron que un niño exclamó ante la pequeña urna: «¡Ahora tengo a mi mamá!» Mi corazón estaba quebrantado ante el dolor humano que los pecados de hombres iracundos y malvados habían traído sobre gente inocente.

El 28 de octubre los trabajos se detuvieron por primera vez desde el 11 de septiembre en la Zona Cero cuando los bomberos y el resto del personal que trabajaba entre los desechos se irguieron con sus cabezas descubiertas y sus cascos protectores firmemente apretados contra el corazón.

El servicio comenzó con una guardia de honor marchando con la bandera. Un oficial de la policía de Nueva York, de nombre Daniel Rodríguez, cantó el himno nacional. Se alternaron música y oraciones. Como este era un servicio interconfesional participaban representantes del Islamismo, del Judaísmo y del Cristianismo. Renee Fleming de la Opera Metropolitana cantó *Amazing Grace*.

Mientras observaba y escuchaba, anhelaba ofrecer algunas palabras de esperanza a esos miles de familias que sufrían. Habían perdido madres, padres, esposos, esposas, hijos, hijas, hermanas, seres queridos y nadie podría devolvérselos.

Antes de pronunciar la bendición, dije: «Me paro delante de ustedes como ministro de la fe cristiana».

Y entonces oré:

Padre nuestro, que estás en el cielo
Santificado sea tu Nombre,
Y santo es el lugar donde nos encontramos,

Venga tu reino, hágase tu voluntad en la tierra como
en el cielo. Venimos a ti en este día buscando tu
ayuda, tu misericordia y tu gracia.
Oramos para que cubras a estas familias con tu amor
y que las consueles durante este tiempo de gran
pérdida personal...

Dios es nuestro amparo y fortaleza,
Nuestro pronto auxilio en las tribulaciones.[1]

Pero los que esperan a Jehová
tendrán nuevas fuerzas;
levantarán alas como las águilas;
correrán, y no se cansarán;
caminarán y no se fatigarán.[2]

Al acongojarnos hoy, nos recordamos de tu dolor y el sacrificio que hiciste por toda la humanidad cuando enviaste a tu Hijo, Cristo Jesús, a esta tierra para que muriera por nuestros pecados en la cruz del Calvario y la esperanza que tenemos mediante su Nombre. ¿Qué esperanza puede haber fuera del Nombre de nuestro Señor Jesucristo?

Por lo cual estoy seguro de que ni la muerte, ni la vida, ni ángeles, ni principados, ni potestades, ni lo presente, ni lo porvenir, ni lo alto, ni lo profundo, ni ninguna otra cosa creada nos podrá separar del amor de Dios, que es en Cristo Jesús Señor nuestro.[3]

Al concluir mi oración y mirar los rostros de los miles que estaban ahí al frente, habría deseado hacer algo más para que la pena y el dolor les fuera mitigado.

De acuerdo con la Biblia, el infierno va a estar eternamente lleno de pena y dolor y de un fuego que jamás se apagará. No puedo sino pensar en la vida que tenemos ahora y el aliento que Dios nos ha dado. En aquel día de septiembre, nadie de entre los que murieron pudo haberse imaginado que su vida habría de terminar abrupta y trágicamente esa mañana. Es importante que todos nosotros vivamos nuestras vidas para Él en el conocimiento de su verdad y mediante la fe en el Nombre de su Hijo, porque no sabemos cuándo se terminará nuestra vida.

ASIDOS DE LA ESPERANZA

Hemos sido testigos de la controversia en torno de su Nombre. Es obvio que ninguna otra persona en la historia ha influido en los acontecimientos humanos más que Jesucristo.

Me gustaría hacerle, amigo lector, una pregunta crucial: Si aquella mañana del 11 de septiembre usted hubiese estado en las torres del Centro de Comercio Mundial, ¿habría estado listo para encontrarse con la muerte? A muchos de nosotros no nos gusta pensar en la muerte. Una visita a la Zona Cero lo obliga a uno a pensar en ella. Sea que Dios nos bendiga con una vida larga o una vida corta, hay una cosa que todos tenemos en común: la tumba. Finalmente, sea en una tragedia como la del Centro de Comercio Mundial, de cáncer en una cama de hospital o de un ataque al corazón mientras dormimos, algún día todos tendremos que enfrentar la muerte. ¿Sabe usted cuál será su destino eterno?

He compartido bastante sobre el Nombre que es sobre todo nombre. Pero el conocimiento que se pueda tener de Dios nunca salvó a nadie. No es suficiente conocer la historia de Jesús. Hay que conocerlo a Él personalmente.

La Biblia es bien clara cuando nos dice que Dios nos ama. Él se preocupa por nosotros y quiere que vivamos nuestra vida plenamente. Pero para la mayoría de la gente, en su vida hay un vacío que no pueden explicar. Algo se ha perdido. Lo buscan a través de diversas religiones, de sus amistades, de comprar cosas que el dinero puede conseguir, pero esa vacuidad se mantiene ahí, en el fondo de sus almas. Dentro de todos nosotros hay un vacío que sólo puede ser llenado por Dios cuando establecemos una correcta relación con Él.

Podemos tener relación con Él. ¿Cómo? A través de su Hijo, el Señor Jesucristo. Él es el mediador entre Dios y el hombre. Él ya no cuelga más de una cruz romana. Está vivo en el cielo, y lo ama a usted. Usted puede tener una vida nueva con sentido y propósito, libre de culpa. ¿Cómo puede ocurrir tal cosa? Quiero presentarle algunas preguntas sencillas que clarificarán los hechos relacionados con la decisión más importante que toda persona jamás ha hecho.

¿Siente que algo le falta allí, muy adentro de su alma?

¿Siente un vacío que no puede explicar, a veces en forma de soledad, aun cuando esté rodeado de mucha gente?

Muchos lo tienen. En los momentos cuando más pensamos sobre el sentido de la vida, hay un anhelo por algo más. En el fondo, este es un deseo por conocer a Dios íntimamente. A menudo las personas tratan de llenar este vacío con otras cosas, como el alcohol, las drogas, la comida, las aventuras sexuales. La lista sería larga. Sin embargo, ninguna de estas cosas llenan el vacío que hay dentro de nosotros o eliminan nuestra soledad interior.

La verdad es que Dios quiere suplir lo que falta dentro de su alma. Él quiere tener una relación con todos nosotros. Cada uno de nosotros tenemos que hacer una decisión para dejar que Dios entre en nuestras vidas.

Necesitamos entender lo que significa tener una correcta relación con Dios porque un día todos compareceremos ante Él.

¿Qué lo separa de Dios? ¿Qué es lo que provoca ese vacío en su vida?

El pecado.

En la cultura tolerante de hoy día donde «todo se puede hacer» muchos no entienden lo que significa pecado. Pecado es la violación de las leyes de Dios. Cuando usted desobedece la ley de Dios, eso lo separa de Él.

No importa cuánto nos esforcemos, ninguno de nosotros podemos vivir sin quebrantar las leyes de Dios. La Biblia dice: «Por cuanto todos pecaron y están destituidos de la gloria de Dios»[4] y, «la paga del pecado es muerte».[5] Este es el precio, este es el castigo... esta es la sentencia. El Supremo Juez, Dios mismo, ha dicho que toda la humanidad es culpable. Todos tenemos un problema de pecado. No hay forma de escapar de esto porque Dios es moralmente perfecto y «santo», y exige que todos los que se acerquen a Él sean también santos.

¿Entonces, cómo nosotros, pecadores, podemos resolver este dilema? La respuesta de Dios viene a través de la vida perfecta, muerte y resurrección de un sacrificio sustituto por nuestros pecados, el Cordero de Dios, su Hijo, Cristo el Señor. Él es el único que pagó nuestra deuda de pecado. Nosotros jamás habríamos podido pagarla.

La Biblia nos dice: «Porque de tal manera amó Dios al

mundo, que ha dado a su Hijo unigénito, para que todo aquel que en él cree, no se pierda, mas tenga vida eterna».[6]

Y ese «todo aquel» somos usted y yo. Jesús es el único camino a Dios, porque Él es el único en la historia en asumir el castigo por usted y por mí. Buda no murió por nuestros pecados; Mahoma no murió por nuestros pecados. Nadie pagó la deuda del pecado por nosotros excepto el Señor Jesucristo cuando derramó su sangre en la cruz del Calvario, fue a la tumba, y resucitó al tercer día. El único camino por el que podemos llegar a Dios es por la fe a través de su Hijo y Él solo.

Jesús es la única puerta a través de la cual podemos pasar para encontrarnos con Dios el Padre.

¿Lo cree? ¿Está dispuesto a confiar en Jesús como su Salvador personal? ¿Cuál es su respuesta?

No deje de hacer una decisión por Cristo. La Biblia dice: «He aquí ahora el día de salvación».[7]

«Dios ... quiere que todos los hombres sean salvos y vengan al conocimiento de la verdad. Porque hay un solo Dios, y un solo mediador entre Dios y los hombres, Jesucristo hombre, el cual se dio a sí mismo en rescate por todos».[8]

Debemos poner toda nuestra fe en el Señor Jesucristo. La Biblia dice que Cristo vino al mundo a salvar a los pecadores.[9] La salvación es gratuita para todos los que claman al Señor Jesucristo y se arrepienten de sus pecados. La salvación es un regalo de Dios que uno puede aceptar o rechazar. La Biblia dice: «la dádiva de Dios es vida eterna en Cristo Jesús, Señor nuestro».[10]

Hace algunos años escuché la historia de un hombre que fue recluido en una cárcel por homicidio. Debido a que había sido un preso modelo, el gobernador decidió darle el perdón. Cuando el carcelero entró a su celda y le dijo que el gobernador lo había perdonado y que estaba libre para irse, él rechazó el perdón. Todos estaban asombrados. El caso tuvo que volver a la corte para ver si el condenado tenía derecho de rehusar el perdón que le ofrecía el gobernador. La corte no tuvo otra alternativa que proceder a la ejecución del condenado. Es lo mismo que ocurre con nosotros. Debido a nuestro pecado, hemos sido condenados y sentenciados a morir; pero Dios nos ofrece un perdón cuando recibimos a su Hijo, Jesucristo, por fe. El punto es que usted tiene que estar dispuesto a aceptar el perdón.

«¿Cómo hago eso?» es posible que usted pregunte. «¿Cómo puedo confiar en este Nombre que es sobre todo nombre y experimentar una vida nueva y vibrante, libre de culpa y vergüenza?»

Es sencillo.

Primero, debe confesar sus ofensas a Dios, pedirle que lo perdone y decirle que quiere cambiar y abandonar la vida de pecado que ha venido viviendo.

Luego, por fe, pídale a Jesús que venga a vivir a su vida, que tome control de ella y que sea su Señor.

Si está dispuesto a hacer eso, Dios lo perdonará y lo limpiará. Le dará una nueva vida y un nuevo comienzo. Cuando termine de leer este libro, podrá tener la seguridad que ha sido salvo y que uno de estos días, cuando la muerte venga por usted, no va a tener ninguna razón para temer. Sabrá que por la eternidad estará seguro en la presencia del Rey de reyes y Señor de señores.

Si desea aceptar a Cristo como su Salvador, haga esta oración:

Querido Dios, soy pecador. Me arrepiento de mis pecados. Perdóname. Creo que Jesucristo es tu Hijo. Y creo que Jesucristo murió por mis pecados. Quiero invitarlo a que venga a mi vida. Quiero confiar en Él como mi Salvador y seguirle como mi Señor, desde hoy y para siempre. En el Nombre de Jesús, amén.

Si ha hecho esta oración y así lo cree, quiero decirle que Dios lo ha perdonado y lo ha limpiado de sus pecados. Ahora, su nombre está escrito en el Libro de la Vida del Cordero. Ahí están inscritos los nombres de todos los que a lo largo de la historia han confiado en el Señor. Su nombre está escrito y nadie podrá borrarlo.

EL NOMBRE SOBRE TODO NOMBRE

El brillante y vehemente judío, encadenado en una celda romana escribiendo carta tras carta, entendió la magnificencia del Nombre.

El apóstol Pablo, en una afectuosa nota a unos viejos amigos en otra ciudad, escribió gozosamente sobre por qué el Nombre de Jesús reina sobre todo otro nombre:

> Y estando en la condición de hombre, se humilló a sí mismo, haciéndose obediente hasta la muerte, y muerte de cruz. Por lo cual Dios también le exaltó hasta lo sumo, y le dio un nombre que es sobre todo nombre, para que en el nombre de Jesús se doble toda rodilla de los que están en los cielos, y en la tierra, y debajo de la tierra; y toda lengua confiese que Jesucristo es el Señor, para gloria de Dios Padre.[11]

Mientras nuestro Rey y Señor espera el momento cuando el Padre pondrá fin a la historia del hombre y autorice el retorno de Jesús, esta vez no como un humilde bebé sino en las nubes donde todo ojo le verá,[12] Jesús ocupa el lugar de honor a la mano derecha de Dios el Padre. ¡Él no está ocioso! Jesús vino como un siervo y hasta ahora sirve intercediendo a nuestro favor, a la diestra de Dios Padre, a través de la oración.

> Mas éste [Jesús] por cuanto permanece para siempre, tiene un sacerdocio inmutable; por lo cual puede también salvar perpetuamente a los que por él se acercan a Dios, viviendo siempre para interceder por ellos.

Pero no sólo está intercediendo por nosotros. También está preparando un lugar para nosotros. Jesús dijo:

No se turbe vuestro corazón; creéis en Dios, creed también en mí. En la casa de mi Padre muchas moradas hay; si así no fuera, yo os lo hubiera dicho; voy, pues, a preparar lugar para vosotros. Y si me fuere y os preparare lugar, vendré otra vez, y os tomaré a mí mismo, para que donde yo estoy, vosotros también estéis.[14]

Un día (¿podría ser hoy?) sonará la trompeta. En las propias palabras de Jesús, esto será lo que ocurrirá:

Cuando el Hijo del Hombre venga en su gloria, y todos los santos ángeles con él, entonces se sentará en su trono de gloria, y serán reunidas delante de él todas las naciones.[15]

Nuestro Dios es un Padre amable y paciente, pero cuando Él baje las cortinas en la historia de la humanidad, el juego habrá terminado.

Pablo escribió a sus amigos de Filipos, que toda rodilla se doblará y toda lengua confesará que «Jesucristo es Señor».

Toda rodilla se doblará y toda lengua confesará, incluyendo a:

Abraham, los faraones, Moisés, María y José, los
discípulos,
Juan el Bautista, los fariseos, Herodes, Pilato, el
apóstol Pablo,
los emperadores romanos, Alejandro el Grande,
Constantino,
vencedores y vencidos,
Colón, Cortés, Perry, Lindberg, Armstrong,
los papas, Mahoma, Mahatma Gandhi, la Madre
Teresa,
Washington, Lincoln, Roosevelt, Kennedy, Reagan,
reyes, reinas, príncipes y princesas,
George Wishart, Cassie Bernall y todos los mártires
vistiendo sus túnicas blancas,
Babe Ruth, Tiger Woods, Joe Montana, los ganadores

de la Copa América, Mark McGwire, Muhammad Ali,
los pro-aborto y los anti-aborto,
Stalin, Hitler, Lenin, Mao, Pol Pot, Bin Laden,
los miembros de las cerca de diez mil religiones,
los trabajadores de la construcción y los médicos,
Frank Sinatra, Cher, Michael Jackson, Madonna,
Marilyn Monroe, Jimmy Stewart, Mel Gibson, Julia
Roberts,
Martín Lutero y Martin Luther King,
los millonarios y los inadaptados,
Carnegie, Vanderbilt, Rockefeller, Walton, Gates,
los traficantes, la mafia, los zares de la droga, los
distribuidores de drogas y los adictos,
Bunyan, Shakespeare, Hemingway, Lewis, Grisham,
los adictos a la pornografía, las prostitutas, los
filántropos y los pedófilos,
Larry King, Barbara Walters, David Letterman, Tom
Brokaw,
patriotas y terroristas,
Van Gogh, Miguel Ángel, Picasso, Rockwell,
Saddam Hussein, Yaser Arafat,
Golda Meir, David Ben Gurion, Ariel Sharon,
Rachel la víctima israelita y Ayat la joven suicida,
abogados y estibadores,
Mozart, Beethoven, Gershwin, Lennon,
los escépticos y los burladores,
Voltaire, Freud, Darwin, Madeline Murray O'Hare,
Billy and Ruth Graham,
Franklin Graham,
su jefe y su vecino,
su esposa y su hijo,
usted

Toda rodilla se doblará y toda lengua confesará: «Jesucristo es el
Señor».

Bill y Gloria Gaither, amigos queridos de nuestra familia, hace
algunos años escribieron estas palabras que lo dicen tan bien:

Jesús, Jesús, Jesús,
   Algo tiene ese Nombre
   Maestro, Salvador, Jesús,
   como la fragancia después de la lluvia...
   Jesús, Jesús, Jesús,
   que todos en el cielo y en la tierra proclamen
   reyes y reinos todos pasarán
   pero algo tiene ese Nombre.
Jesús, la sola mención de su Nombre
   puede calmar la tormenta, sanar al quebrantado y
levantar de la muerte...
Al Nombre de Jesús
   he visto ablandarse a pecadores empedernidos,
desamparados transformados
   la luz de la esperanza devuelta a los ojos de un
niño sin esperanza...
Al Nombre de Jesús
   odios y amarguras transformados en amor y
perdón cesan las discusiones...
he oído a una madre pronunciar suavemente su Nombre
   junto al lecho de un niño delirando por la fiebre
   y he visto a ese cuerpecito quedarse quieto
   y la fiebre irse de su frente...
me he sentado junto a un santo moribundo
su cuerpo agonizando de dolor
que en aquellos volátiles segundos reunió su última
onza de fuerza
para susurrar el Nombre más dulce de toda la tierra, Jesús,
Jesús...
Los emperadores han tratado de destruirlo
Los filósofos han tratado de eliminarlo
Los tiranos han tratado de borrarlo de sobre là faz de la
tierra
   con la sangre de aquellos que lo proclamaron
   pero aun está ahí...
Y lo estará hasta el día final
   cuando toda voz que alguna vez ha emitido un
sonido toda voz de la raza adámica
   se alzará en un coro grande y poderoso
   para proclamar el Nombre de Jesús...

Porque en ese día toda rodilla se doblará
y toda lengua confesará
Que Jesucristo es el Señor.
Vea...
no fue por simple casualidad
que hace muchísimas noches atrás
un ángel le dijera a una joven virgen
su Nombre será llamado
Jesús, Jesús, Jesús...
Así es...
Algo tiene ese Nombre.[16]

Y entonces, todos los que en cada generación han creído en el Nombre y aceptado el don de la vida eterna, se unirán para adorar al Rey:

Y cantaron una canción nueva...

«Porque fuiste muerto,...
Y nos has redimido para Dios por tu sangre
De toda tribu y lengua y pueblo y nación...
Y reinaremos sobre la tierra».

Y toda criatura que está arriba en el cielo y sobre la tierra y debajo de la tierra y todas las que están en el mar, y todo lo que hay en ellos, oí que decían:

Al que está sentado en el trono, y al Cordero, sea
la alabanza, la honra, la gloria y el poder, por los
siglos de los siglos.[17]

Un día estaremos ante Jesús como Salvador o como Juez. No sé la situación suya, pero en cuanto a mí, estoy listo para pararme ante Él, que es digno de toda la gloria y honor, el que tiene el Nombre: **JESÚS**.

NOTAS

CAPÍTULO 1

1. Internet, www.salon.com, 27 de enero, 2001. Consultada el 28 de abril de 2002.

2. Internet, www.humanismbyjoe.com. Consultada el 28 de abril de 2002.

3. Marvin Olasky, «The Greater Spin Ever Sold», *World*, Mayo/Junio, 2002, p. 9.

4. S. Dhammika, «Famous People Comment on the Buddha and His Teachings», http://web.singet.com.sg/~sidneys/praises5.htm. Consultada el 4 de mayo de 2002.

5. Juan 1.46.

6. Juan 7.7.

7. Michael F. McCauley, compilador y editor, *El Libro de Jesús*, The Thomas More Press, 1978, Chicago, p. 41.

8. Citado en D. James Kennedy y Jerry Newcombe, *What If Jesus Had Never Been Born?*, Thomas Nelson Publishers, Nashville, 1994, p. 5.

9. McCauley, *El Libro de Jesús*, p. 188.

10. Citado en Kennedy y Newcombe, *What If Jesus Had Never Been Born?*, p. 6.

11. Les Sellars, «Western Intellectual Leaders Discuss Christianity», *World* Magazine, Mayo/Junio 2002, p. 51.

12. 1 Pedro 4.14,16.

13. Internet, www.ccci.org, «Who Is Jesus?» Consultada el 28 de abril de 2002.

14. Josh McDowell, *Evidence that Demands a Veredict*, Tomo 1, Thomas Nelson Publishers, Nashville, 1979, p. 106.

15. Calvin Miller, *El Libro de Jesús*, Simon & Schuster, New York, 1996, p. 290.

16. Colosenses 1.15-20.

17. Hechos 2.21

18. Juan 1.12.

CAPÍTULO 2

1. Juan 11.25-26

2. Virginia Culver, «Tone of Service Angers Some», *Denver Post*, 29 de abril de 1999, p. A8.

CAPÍTULO 3

1. George W. Bush, *A Charge to Keep*, William Morrow, New York, 1999, p. 136.

2. Mateo 10.32.

3. Alan M. Dershowitz, «Bush Starts Off by Defying the Constitution», *Los Angeles Times*, 24 de junio de 2001, p. B9.

4. Cathy Lynn Grossman, «Some Call Inaugural Prayers to Jesus Exclusionary», *USA Today*, 24 de junio de 2001, p. 10D.

5. Patrick Henry, American Foundation Publications, «Citas famosas». Consultada vía Internet 25 de febrero de 2002.

6. Jeff Jacoby, «Jesus Should Not Be a Forbidden Word in America», *Atlanta Journal-Constitution*, 4 de febrero de 2001, p. C11.

7. *Ibid*.

8. «No Offense in Christian Invocation», Carta al editor, *The Jewish Press*, 9 de febrero de 2001, p. 4.

9. Ben Fisher, «Illusion of Religious Unity Divides», *Daily Kent Stater*, 26 de enero de 2001.

10. Ravi Zacharias, *Jesús entre otros dioses*, Editorial Betania, Nashville-Miami, 2001, p. 158 (del original en inglés).

11. Juan 14.6.

CAPÍTULO 4

1. Véase Daniel 4.25.

2. 2 Corintios 1.3.

3. 2 Tesalonicenses 2.7.

4. Mateo 12.35.

5. National Day of Prayer and Remembrance, Washington, D.C., Entrevista durante el programa *CNN en Vivo*, 14 de septiembre de 2001.

6. 1 Juan 3.8.

7. E-mail de Tom Mangham a sus padres, T. Grady y Evelyn Mangham, 16 de septiembre de 2001.

CAPÍTULO 5

1. Servicio de Noticias de EP, 17 de enero de 2002, Bryon, California, p. 11.

2. http://www.josh.org/project911/tolerance.asp

3. Ravi Zacharias, *Jesús entre otros dioses*, Editorial Betania, Nashville-Miami, 2001, pp. vii, 4 (del original en inglés).

4. Focus on the Family, *Citizen*, Web site, «The Wall That Never Was».

5. http://www.pbs.org/jefferson/enlight/prayer.htm

6. Boys of Sudan-American Red Cross, 14 de agosto de 2001, redcross.org. Consultada el 14 de abril de 2002.

7. J. Christy Wilson, Jr., *More to Be Desired Than Gold*, Gordon-Conwell Theological Seminary, South Hamilton, Mass., 1998, pp. 172-73; 121-22.

8. Lucas 6.22-23.

9. Mateo 10.5-8,16-18.

10. Hechos 4.12.

11. Juan 15.18-21.

12. Juan 4.5-26.

13. Véase Mateo 13.24-30.

14. Mateo 5.38-39,43-45.

15. Véase Éxodo 20.3.

16. Véase Hebreos 11.9-10.

CAPÍTULO 6

1. Toby Lester, «Oh, Gods!» *The Atlantic Monthly*, February de 2002, p. 38.

2. C.S. Lewis, *Mere Christianity*, Macmillan Publishing Co., Inc., New York, 1952, p. 56.

3. «For the Record», *National Review*, 5 de noviembre de 2001, p. 6.

4. Éxodo 20.3.

5. Salmo 135.15-18.

6. Hebreos 1.1-3.

7. 1 Reyes 16.30.

8. 1 Reyes 18.18.

9. 1 Reyes 18.21-39.

10. Isaías 43.10-11.

11. Mateo 7.13-14.

12. Ibn Taymiyyah, al-Jihad, editado por Dr. Abd al-Rahman Umayra, segunda edición, Dar al-Jil, Beirut, 1997, p. 48.

13. Koran Sura 2:256.

14. William F. Buckley Jr., «So You Want a Holy War?» *National Review*, 5 de noviembre de 2001, p. 71.

15. Al Jami-Al Saheeh por Imam Al Bukhari, Colección oral conocida como el Haddith, Sección 4:506.

16. Roy W. Gustafson.

17. Sura 2:116; 5:72-76; 6:101; 9:30; 10:68-69; 35:91.

18. Sura 9:5.

19. Judith Miller, «Mideast Turmoil: Arab Opinion; In Interview, Arafat's Wife Praises Suicide Bombings», *New York Times*, 14 de abril de 2002.

20. Ravi Zacharias, *Jesús entre otros dioses,* Editorial Betania, Nashville-Miami, 2001, pp. 158-59 (del original en inglés).

21. Roy W. Gustafson.

22. Véase Efesios 5.28-29.

23. Hadith (SD), 10 de mayo, 2002.

24. Véase Marcos 5.25-34.

25. Véase Juan 8.3-11.

26. Véase Marcos 16.7.

27. R.C. Sproul, «A Rose In a Rose», *Tabletalk*, Abril de 1998, p. 8.

28. Sura 2:25; 3:15; 3:198; 4:57; 37:41-49; 38:50-52; 52:17-20; 55:46-78.

29. El libro de Apocalipsis.

30. Juan 14.6.

31. Dean C. Halverson, editor general, *The Compact Guide to World Religion,* Bethany House, Pub., Minneapolis, 1996, p. 90.

32. Efesios 2.8-9.

33. Juan 14.6.

34. Cita de Preston G. Parish.

35. Cita de Roy W. Gustafson.

CAPÍTULO 7

1. Proverbios 22.1.

2. Eclesiastés 7.1.

3. Véase Génesis 2.19.

4. Véase Génesis 3.20.

5. *Almanaque Bíblico*, 445.
6. Génesis 17.5.
7. Hebreos 11.24-26.
8. Éxodo 3.1-14.
9. *Nuevo Diccionario Ilustrado de la Biblia*, Editorial Caribe, Nashville-Miami, 1998, p. 571.
10. *Ibid.*, 572.
11. Juan 10.14.
12. Roy Gustafson, «In His Land Seeing Is Believing», *World Wide Publications*, 1980.
13. Henry Holley.
14. David Gonzales, «U.S. Aids Conversion-Minded Quake Relief in El Salvador», *New York Times*, 5 de marzo de 2001, p. A3. Notas de encabezado de página aparecidas en Marzo 6-8 de 2001, en periódicos locales en Elizabeth City, N.C., DuQuoin, Il., y Kannapolis, N.C.
15. «USAID Funding of Samaritan's Purse», Declaración de la Agencia para el Desarrollo Internacional de Estados Unidos, 7 de marzo de 2001.
16. Mateo 5.37.

CAPÍTULO 8
1. C.S.Lewis, The Cumberland River Lamp Post B An Appreciation for C.S. Lewis; http://www.crlamppost.org/footprnt.thm, Consultada el 28 de abril de 2002.
2. Juan 1.1-3.
3. Véase Génesis 15.5.
4. Génesis 22.1-14.
5. *Nuevo Diccionario Ilustrado de la Biblia*, «Imperio Romano», p. 981, y «Judea», p. 636.
6. Miqueas 5.2.
7. *Almanaque Bíblico*, 1114.
8. *Nuevo Diccionario Ilustrado de la Biblia*, «Imperio Romano», pp. 981-82.
9. *Biblia de referencias en cadena de Thompson*, 1699.
10. *Almanaque Bíblico*, 644, 711; *Nuevo Diccionario Ilustrado de la Biblia*, p. 783.
11. Mateo 1.20-21.
12. Lucas 1.41.
13. Véase Lucas 1.76.
14. Juan 3.30.

15. Mateo 11.5.
16. Mateo 11.11.
17. Mateo 14.1-12.

CAPÍTULO 9

1. Juan 2.1-4.
2. J. Vernon McGee, *Thru the Bible*, Tomo IV, p. 378.
3. *Nuevo Diccionario Ilustrado de la Biblia*, «Palestina», pp. 838-39.
4. Juan 15.20-21.
5. Juan 16.23.
6. Véase Hechos 1.8.
7. Véase Hechos 22.20.
8. Hechos 9.4-6.
9. Hechos 9.15-16.
10. 2 Corintios 11.23-28.
11. *Nuevo Diccionario Ilustrado de la Biblia*, «Pablo», p. 828.
12. John Foxe, *Christian Martyrs of the World*, Barbour and Company, Uhrichsville, Ohio, 1989, p. 82.
13. Hechos 21.13.
14. Apocalipsis 6.9-11.
15. Apocalipsis 20.4.
16. Mateo 10.39.
17. Citas de Jim Elliot.
18. Eugene Myers Harrison, «The Cobbler Who Turned Discoverer», *Giants of the Missionary Trail,* www.wholesomewords.org. Consultada el 12 de febrero de 2002.
19. *Ibid*.
20. Eugene Myers Harrison, «The Pathfinder of África», *Giants of the Missionary Trail,* www.wholesomewords.org. Consultada el 12 de febrero de 2002.
21. *Ibid*.

CAPÍTULO 10

1. William I. Koch, «Teamwork, Technology and Talent: The T3 Approach», consultado en www.a3.org, 12 de febrero de 2002.
2. Algunos detalles, Paul C. Larsen, *To the Third Power: The Inside S Story of Bill Koch's Winning Strategies for the America's Cup*, Tilbury House Publishers, Gardiner, Maine, 1995, pp. 216-18.
3. Filipenses 3.12-14.
4. Mateo 28.19-20.

5. 2 Crónicas 6.7.
6. 2 Crónicas 6.8.
7. «Hernán Cortés», *The World Book Encyclopedia*, Tomo 4, World Book, Inc., Chicago, 1074.
8. John Foxe, *Foxes Christian Martyrs of the World*, Barbour and Company, Uhrichsville, Ohio, 1989, pp. 5-9.
9. Mateo 11.12.
10. Juan 15.13.
11. Juan 13.35.

CAPÍTULO 11
1. Lucas 4.17-21.
2. Juan 8.34-36.
3. Romanos 4.7-8.
4. Véase Hechos 26.18.

CAPÍTULO 12
1. Marcos 10.37.
2. Marcos 10.43-45.
3. Véase Juan 19.27.
4. Véase Juan 5.2-8.
5. Véase Lucas 8.43-48.
6. Véase Lucas 7.2-10.
7. Mateo 19.14.
8. Véase Mateo 14.14-21.
9. Véase Mateo 15.32-38.
10. Véase Mateo 19.16-24.
11. Marcos 8.36.
12. Lucas 7.13-15.
13. Véase Mateo 15.22-28.
14. Mateo 11.28.
15. Véase Lucas 8.27-39.
16. Lucas 23.43.

CAPÍTULO 13
1. Deuteronomio 10:17-19.
2. Lucas 9:23.

CAPÍTULO 14
1. Hechos 4.7-10.
2. Hechos 3.6.

3. John Pollock, *A Foreign Devil in China*, World Wide Publications, Minneapolis, 1988, p. 94.
4. Lucas 4.38-39.
5. Mateo 15.31.
6. Mateo 4.23-25.
7. Lucas 18.35-43.
8. Juan 5.2-9.
9. Lucas 5.12-13.
10. Historia aparecida originalmente en «On Call», publicación de Misión Médica Mundial, Otoño del 2001.
11. Historia aparecida originalmente en «On Call», publicación de Misión Médica Mundial, Invierno del 2002.
12. Adaptado de Lorry Lutz, *Sword & Scalpel/Robert L. Foster, M.D.*, Promise Publishing, Inc., Orange, CA, 1990, pp. 93-96.

CAPÍTULO 15
1. Mateo 4.23-24.
2. Marcos 2.17.
3. Juan 8.2-11.
4. «AIDS Epidemic Update- December 2001, Global Overview», Programa combinado de las Naciones Unidas sobre el SIDA. 1. Consultada en el Internet en www.unaids.org, 6 de junio de 2002.
5. Juan 3.17.
6. Amy Fagan, «Christians Urged to Act Against HIV», *Washington Times*, 19 de febrero de 2002.
7. Raju Chebium, «N.C. Doctor Finds His Faith Helps on AIDS Mission», Gannett News Service, 21 de febrero de 2002.
8. Uwe Siemon-Netto, «Evangelical to Ponder AIDS Pandemic», UPI, 9 de noviembre de 2001.
9. Sheler, «Receta para una esperanza».
10. Sharon Begley, «AIDS at 20», *Newsweek*, 11 de junio de 2001, p. 36.
11. Murphy, «Army' of Christians», p. B4.
12. Siemon-Netto, «Evangelical to Ponder».
13. Uwe Soimon-Netto, «Slow Church Response to AIDS Scolded», UPI, 18 de febrero de 2002.
14. Johanna McGeary, «Dead Stalks a Continent», *Time magazine*, 12 de febrero de 2001. Consultada en el Internet en www.Time.com el 5 de junio de 2002.
15. 1 Corintios 7.2.

16. Caryle Murphy, «Army' of Christians Needed in AIDS Fight, Evangelist Says», *Washington Post*, 19 de febrero de 2002, p. B1.
17. 1 Corintios 13.4,7-8.
18. Mateo 25.40.

CAPÍTULO 16
1. Jeremías 6.14.
2. Joshua Hammer, «How Two Lives Met in Death», *Newsweek*, 15 de abril de 2002, p. 18.
3. Ezequiel 5.5.
4. Isaías 45.21-22.
5. Zacarías 12.2-3.
6. Véase Isaías 2.1-5.
7. Roy Gustafson, «In His Land Seeing Is Believing», World Wide Publications, 1980.
8. Génesis 12.1-7.
9. Génesis 21.18.
10. *Nuevo Diccionario Ilustrado de la Biblia* p. 552.
11. Éxodo 6.8.
12. Deuteronomio 31.16,20.
13. Jueces 2.1-3.
14. Véase 1 Samuel 8.6.
15. Salmo 44.11.
16. Salmo 137.1.
17. Ezequiel 36.16-20.
18. Lucas 19.41-44.
19. Norman Kotker, *La Jerusalén terrenal*, Charles Scribner's Sons, New York, 1969, p. 114.
20. Kotker, *La Jerusalén terrenal*, p. 115.
21. William Whiston, trad., *Las obras de Josefo*, «La guerra de los judíos», Libro 5, 12:3, Hendrickson Publishers, Peabody, MA, 1987, p. 723.
22. Whiston, *Las obras de Josefo*, «La guerra de los judíos», Libro 6, 4:6, p. 740.
23. Kotker, *La Jerusalén terrenal*, p. 117.
24. «Jerusalén», *Word Book Encyclopedia*, Tomo 11, Word Book, Inc., Chicago, 1988, p. 99.
25. «Palestina», *Encyclopaedia Britannica*, p. 307.
26. Roy Gustafson, «In His Land Seeing Is Believing», World Wide Publications, 1980.
27. Isaías 66.8.

28. Isaías 11.12.
29. Ezequiel 37.1,11-12.
30. Jeremías 23.3.
31. Miqueas 2.12.
32. Levítico 25.23.
33. Mateo 23.37-39.
34. Salmo 122.6.

CAPÍTULO 17

1. Salmo 46.1.
2. Isaías 40.31.
3. Romanos 8.38-39.
4. Romanos 3.23.
5. Romanos 6.23.
6. Juan 3.16.
7. 2 Corintios 6.2.
8. 1 Timoteo 2.3-6.
9. Véase 1 Timoteo 1.15.
10. Romanos 6.23.
11. Filipenses 2.8-11.
12. Véase Apocalipsis 1.7.
13. Hebreos 7.24-25.
14. Juan 14.1-3.
15. Mateo 25.31-32.
16. «Jesús: Algo tiene ese Nombre». Palabras por Bill y Gloria Gaither. Usado con permiso.
17. Apocalipsis 5.9-10,13.

RECONOCIMIENTOS

Escribir un libro es un esfuerzo colectivo. Quiero agradecer a mi esposa, Jane Austin, quien se hizo cargo de mis muchas distracciones mientras trabajaba en este proyecto. Ella revisó cuidadosamente el manuscrito, haciéndome algunas sugerencias muy importantes.

A mi amigo de largos años, Preston Parrish, gracias por la gran ayuda que me diste durante este proceso.

Quiero expresar mi agradecimiento por Arthur Demos, ya fallecido. Nunca tuve el privilegio de conocerlo personalmente, pero él ha colaborado de una manera tremenda en este libro a través de sus hijos. Su hijo Mark DeMoss ha sido un amigo leal, consejero y consultor por más de diez años. Las hijas de Art, Deborah DeMoss Fonseca, Charlotte DeMoss y Elizabeth DeMoss trabajaron muchos días y a veces tarde en la noche, editando y comprobando detalles. En una ocasión, la esposa de Art, Nancy Demos, y su hija mayor, Nancy Leigh Demos, pasaron tiempo revisando una porción de este libro con los demás miembros de la familia vía conferencia telefónica. Quiero expresar mi profunda gratitud a esta familia maravillosa. Ellos han influido en mi vida de una manera muy especial.

Gracias a mi querido amigo Sami Dagher, y a su yerno Milad Dagher, por ayudarme con la investigación. Quiero dar las gracias también a Liz Toney y Paula Woodring por afinar algunos cambios en el manuscrito final.

Quiero expresar mi gratitud al Dr. Ross Rhoads, al Dr. Richard Furman, al Dr. Melvin Cheatham, al pastor Skip Heitzig y al pastor Greg Laurie por su valiosa asesoría y consejos.

Y a mi asistente por los últimos veinte años, Donna Lee Toney, quien ha llevado la carga mayor de este proyecto. A ella mi profunda gratitud.

Gracias especiales a Bruce Nygren, quien pasó cientos de horas en este proyecto, como una compensación por no haberme ayudado en mi libro anterior.

ACERCA DEL AUTOR

Franklin Graham es el director y presidente de *Samaritan's Purse*, una organización cristiana evangelística y de ayuda. También es presidente y alto ejecutivo de la Asociación Evangelística Billy Graham. Franklin es el cuarto de los cinco hijos de Billy y Ruth Bell Graham. Es autor de éxitos de librería como su autobiografía *Rebelde con causa*, publicada por esta editorial, *Living Beyond the Limits* [Vida más allá de los límites] y del libro para niños *Miracle in a Shoebox* [Milagro en una caja de zapatos]. Franklin, un ávido deportista al aire libre y piloto, y su esposa, Jane Austin, tienen cuatro hijos, dos nueras y una nieta, y viven en Carolina del Norte.

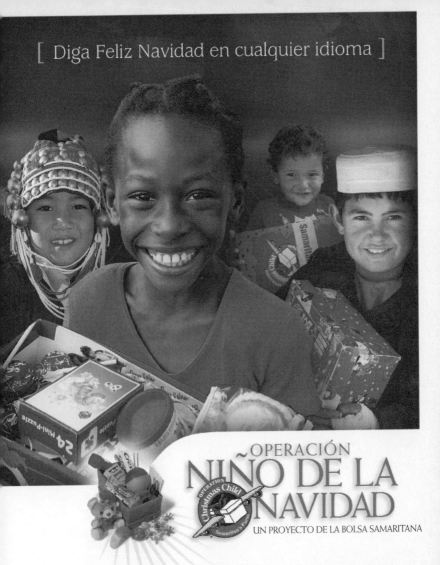